高职教育现代学徒制研究与实践

孙术杰　申宁　李婷　著

中国商业出版社

图书在版编目（CIP）数据

高职教育现代学徒制研究与实践／孙术杰，申宁，李婷著. -- 北京：中国商业出版社，2022.6
ISBN 978-7-5208-2070-7

Ⅰ.①高… Ⅱ.①孙… ②申… ③李… Ⅲ.①高等职业教育-学徒-教育制度-研究-中国 Ⅳ.①G718.5

中国版本图书馆 CIP 数据核字（2022）第 102574 号

责任编辑：黄世嘉

中国商业出版社出版发行

（www.zgsycb.com　100053　北京广安门内报国寺 1 号）
总编室：010-63180647　编辑室：010-63033100
发行部：010-83120835/8286
新华书店经销
北京虎彩文化传播有限公司印刷

*

710 毫米×1000 毫米　16 开　12 印张　175 千字
2022 年 6 月第 1 版　2022 年 6 月第 1 次印刷
定价：50.00 元

* * * *

（如有印装质量问题可更换）

前言

改革开放以来,我国职业教育获得了快速发展,为经济社会发展提供了有力的人才和智力支撑,现代职业教育体系框架全面建成,服务经济社会发展能力和社会吸引力不断增强。随着我国进入新的历史发展阶段,产业升级和经济结构调整不断加快,各行各业对技术技能人才的需求越来越紧迫,职业教育重要地位和作用越来越凸显。但是,与发达国家相比,与建设现代化经济体系、建设教育强国的要求相比,我国职业教育还存在着一些问题,如体系建设不够完善、职业技能实训基地建设有待加强、制度标准不够健全、企业参与办学的动力不足、有利于技术技能人才成长的配套政策尚待完善、办学和人才培养质量水平参差不齐等。因此,高职教育要高度重视这些问题,加大改革力度,不断探索新的培养模式。在众多培养模式中,现代学徒制越来越受到大家的欢迎。

现代学徒制,由两个部分组成,即"现代"和"学徒制"。"学徒制"是这个概念中的主体,"现代"起到了修饰的作用。现代学徒制是在传统学徒制的基础上,将职业教育教学与企业的实践工作相结合，实现校企合作共同培养人才的一种新型职业教育形式，体现的是一种由"政府主导、相关行业组织指导、校企协同育人积极合作、学生积极参与"的新型职业教育思想，是培养应用型、技能型人才的重要途径。本书在总结国内外现代学徒制经验的基础上，从多层面、多维度研究、探讨高职教育实施现代学徒制人才培养模式的重要性、方法途径以及创新措施等。

该书由烟台工程职业技术学院孙术杰、申宁，东营信义制动系统有限公司李婷共同编写。在编写过程中，得到了有关专家学者的指导和帮助，参考了一些学者的研究成果，在此一并表示感谢。由于时间仓促，能力所限，书中难免有不妥之处，敬请读者批评指正。

作　者
2021 年 12 月

目 录

第一章 现代学徒制综论 1
    第一节 现代学徒制的内涵 1
    第二节 现代学徒制的发展现状 3
    第三节 现代学徒制的启示和作用 14

第二章 高职教育现代学徒制的构建与教学应用 21
    第一节 现代学徒制人才培养模式的构建 21
    第二节 现代学徒制教学应用模式的变革 26
    第三节 现代学徒制改革的全方位影响 36

第三章 高职教育现代学徒制的制度构建 41
    第一节 学校层面的制度构建 41
    第二节 区域层面的制度构建 50
    第三节 国家层面的制度构建 53

第四章 高职院校现代学徒制运行机制 61
    第一节 现代学徒制运行机制的概念界定 61
    第二节 现代学徒制运行机制的参与主体及主要诉求 63
    第三节 现代学徒制运行机制的理论分析框架构建 67

第五章 高职教育现代学徒制的校企协同育人机制探索 …………… 71

第一节 现代学徒制校企协同育人机制的概念界定与理论基础 … 71

第二节 现代学徒制校企协同育人机制的发展现状与经验借鉴 … 74

第三节 现代学徒制校企协同育人机制的构建 ……………… 76

第四节 现代学徒制校企协同育人机制运行存在的问题及解决对策
……………………………………………………………… 78

第六章 高职教育校企合作模式与运行机制 ………………………… 82

第一节 校企共建应用型人才培养新模式 …………………… 82

第二节 校企协同的育人路径 ………………………………… 85

第三节 利益驱动的校企合作运行机制 ……………………… 90

第四节 协同创新理念的校企合作机制 ……………………… 94

第五节 校企合作的共容利益机制 …………………………… 97

第六节 基于组织社会学的校企合作育人 …………………… 100

第七节 基于双赢文化视角的校企合作育人 ………………… 104

第七章 高职教育校企合作共建创新平台 …………………………… 113

第一节 校企共建创新平台的理论基础 ……………………… 113

第二节 校企共建创新平台的结构分析 ……………………… 117

第三节 校企共建创新平台的运行机理与模型构建 ………… 128

第四节 增强运行动力的平台促进机制研究 ………………… 140

第八章 高职教育校企合作长效运行的发展思路 …………………… 153

第一节 校企合作的管理工作 ………………………………… 153

第二节 加快建构政府的有效介入 …………………………… 169

第三节 校企合作长效运行创新的基本路径 ………………… 172

第四节 校企合作长效运行发展的政策建议 ………………… 177

参考文献 ……………………………………………………………… 181

第一章

现代学徒制综论

第一节 现代学徒制的内涵

一、现代学徒的内涵

学徒制是一种"手把手"的教学方式,言传身教在学徒制模式里占据主要地位,这种传授形式在实践教学中体现得尤为明显。追根溯源,传统学徒制在中世纪就开始萌芽。在13世纪前后,该词语开始被人们使用。现代学徒制有别于传统学徒制,自手工业诞生之日起,具有不同国家特色的学徒制开始出现。学徒制最初就是师傅的手口相传,把其技能和技巧直接教授给学生即徒弟。这也是早期的职业教育雏形。

现代学徒制是在传统学徒制的基础上,将职业院校的教育教学与企业的实践工作相结合,实现校企合作共同培养人才的一种新型职业教育形式,体现的是一种由"政府主导、相关行业组织指导、校企协同育人积极合作、学生积极参与"的新型职业教育思想。它是根据市场经济发展和企业岗位用人需求,由校企积极合作,传授学生(学徒)基础理论知识和实践技能，充分体现由政、校、行、企共同参与的应用型专业技术人才培养模式。

现代学徒制与传统学徒制相比在很多地方都有所不同，主要体现在政府政策支持与资金投入，相关行业组织指导与监管，校企协同育人合作积极性，学生身份地位和利益保障，以及学生授课方式、培训方式、考核方式和获得荣誉证书等方面。

结合目前现代学徒制试点工作的现状，笔者对现代学徒制定义为：现代学徒制是将职业院校的教学活动和企业的实践工作培训相结合，通过学校与企业双主体协同育人、共同合作，学生在校学习的基础理论知识和在企业培训的实践技能相结合，体现由行业、企业与学校共同参与，培养适应市场经济发展和企业岗位人才需求的高素质高技能人才的一种应用型专业技术人才培养模式。

现代学徒制模式着重强调校企合作、产教融合，教师在课堂上授课，师傅在生产前线教学，着力培养具有综合职业素养的现代人才。换句话说，以现代学徒制为准则，让相关学校、企业订立好合同，把学校、企业的培训资源和资金分配好，并解决好四个方面的问题。这四个问题指的是职业教育、企业单位中亟待解决的问题，即"企业招工难的问题、技工荒的现实状况、工人薪资待遇的状况、自身价值无法实现的情况"。

二、现代学徒制与传统学徒制的区别

1. 教学主体的区别

学校和企业共同培养构成了现代学徒制培养模式的主体。现代学徒制融入了理论教学的成分，同时还在行业一线学习技术。相比之下，传统的学徒制培养方式十分单一，仅仅依靠工厂作坊里师傅的传授来学习知识。

2. 传授知识的区别

在技术教学方面，传统学徒制更侧重于把技术流程拆解成多个单一步骤进行传授，并且是手把手地传授。然而，仅仅依靠口述式教学很难真正实现技能培养目标。因为言传身教只是一个基础，需要学生不断操作并且积累经验，才能获得技能。只有在掌握基本要点后，细化学习，才能把师

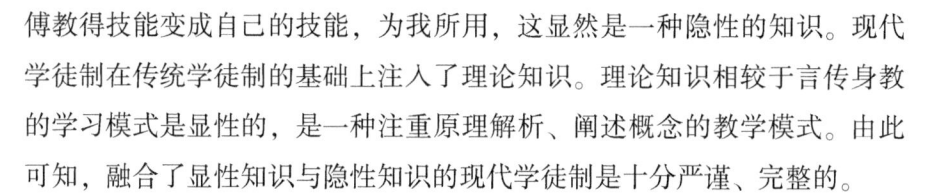

傅教得技能变成自己的技能，为我所用，这显然是一种隐性的知识。现代学徒制在传统学徒制的基础上注入了理论知识。理论知识相较于言传身教的学习模式是显性的，是一种注重原理解析、阐述概念的教学模式。由此可知，融合了显性知识与隐性知识的现代学徒制是十分严谨、完整的。

3. 学习成绩评价标准不同

传统学徒制更侧重技术的表象，也就是操作的规范和熟悉度。现代学徒制在进行人才培养的同时，还要求学生考取资格证书。证书作为一种考核形式，需要学生在规定的年限内通过某种考试。以英格兰为例，NVQ2级是检验学徒制教学基础的标准之一，相应的3级标准就是检验教学成果的门槛，用技能资格证书作为评判准则，可以使人才培养更为有效。

4. 学习的方式不同

在现代学徒制下，企业全面参与到实践教学。一方面企业派有一线行业经验的师傅进行现场教学，培训学徒；另一方面资本参与到学徒培训中，提供优良的设施设备等。现代学徒制强调的是"项目进课堂，教学到现场"，融合了理论与实践，这不同于言传身教式的传统学徒制。

5. 传授给学徒的知识范畴迥异

在现代学徒制下，理论知识与实践相结合，这就需要学生在理论里思考，在实践中实操。这使得理论知识的学习与实践结合得更为紧密，鼓励学生在努力学习理论知识的同时，不断巩固夯实操作技能。

第二节　现代学徒制的发展现状

一、现代学徒制是一种职业教育模式

现代学徒制度是传统学徒制度与高职教育相结合，通过学校与企业的深度合作，学校教师与企业师傅的联合传授，对学生开展以技能培养为主的现代人才培养模式。现代学徒制最大的特点就是注重校企合作，企业参与培养高素质技术技能型人才，以提升专业的实践能力为重点，培养适应市场需求的人才，力争使学生毕业后能胜任某一工作岗位。学生进入企业学习，置身于真实的工作环境中，不仅能提高学生的专业技能，还能培养学生的职业意识和职业素养，熟悉企业的管理运作和文化建设，利于毕业与就业的顺利对接。

现代学徒制是当前国际公认的职业院校教育教学的主导模式之一，在一些西方发达国家得到了普遍推广。在德国，500人以上的企业参与学徒制的高达91%。在英国，现代学徒制已成为实施国家技能战略的重要途径，并提出要让学徒制成为培养技能技术人才的主流选择。澳大利亚、美国、加拿大等国家也都探索出了各具特色的现代学徒制，并形成了较为完善的法律制度和经费保障体系。

20世纪80年代，我们引进的德国"双元制"职业教育模式，其实就是"现代学徒制"。这一教育模式，被认为是德国经济腾飞的秘诀，也是制造企业效仿的模板。既然现代学徒制这么好，而且我们早在20世纪80年代就引进了，早应该遍地开花了，为何现在还要大谈特谈、开展试点呢？一言以蔽之，只能说明我们引进吸收得不好，职业教育并没有得到足够的重视。没有职教春风，就难有学徒制的春天。当我们感慨现代学徒制造就了德国奇迹时，不要忘记在德国的工厂和社会里，工程师是很受重视的，技工在职业选择上有很大的自由度，社会地位也不低。对于德国来说"不是问题的问题"，对于我们来说却是"最大的问题"。因此，当我们今天谈现代学徒制，谈现代职业教育时，不要忽视了社会环境和经济发展阶段的影响。

专家认为，现阶段之所以重视和推动现代学徒制，是因为它可以使职业教育少走弯路，具有很强的探索性和突破性，与企业发展有非常高的切合点，对技术技能人才培养至关重要。

二、我国现代学徒制发展道路

近年来，我国非常重视职业教育的发展，现代学徒制的发展之路清晰可见。

（一）加快发展现代职业教育体系

2014年，全国职业教育工作会议召开，会议要求加快构建中国特色现代职业教育体系，努力开创职业教育工作新局面，为促进经济提质增效升级提供有力人才支撑，强调要着力抓好五项重点工作。一是有序推进体系建设。要结合编制区域经济社会发展规划，同步规划职业教育发展，重点抓好中高职衔接、职普沟通、学生"双证书"、部分本科高校转型等制度建设，在考试招生制度、办学体制机制、教育模式、评价模式等关键改革上加大力度、取得突破。二是深化教育教学改革。要牢固树立以提高质量为核心的教育发展观，将社会主义核心价值观贯穿教育教学全过程，建设"双师型"教师队伍，健全质量评价制度，加强国际交流合作。三是创新职业教育管理。要进一步简政放权，加强对职业教育的宏观管理、统筹协调和分类指导，完善学校内部治理结构，健全督导评估制度。四是着力促进协调发展。要巩固提高中等职业教育发展水平，改革创新高等职业教育，积极发展多种形式的继续教育，统筹推进区域和城乡协调发展。五是建立联动工作机制。发挥好职业教育联席会议作用，发挥好行业组织的指导、评价和服务功能，发挥好企业重要办学主体作用，引导社会力量参与职业教育。

2014年2月，《国务院关于加快发展现代职业教育的决定》（国发〔2014〕19号）发布，指出当前职业教育还不能完全适应经济社会发展的需要，结构不尽合理，质量有待提高，办学条件薄弱，体制机制不畅。加快发展现代职业教育，是深入实施科教兴国战略和人才强国战略的必然要求，是保就业、惠民生、打造经济升级版的重要举措。要统筹普通教育、职业教育、继续教育的协调发展，形成适应发展需求、产教深度融合、中职高职衔接、职普相互沟通，体现终身教育理念，具有中国特色、世界水平的现代职业教育体系。具体措施如下。

1. 结构规模更加合理

今后一个时期总体保持中等职业学校和普通高中招生规模大体相当，高等职业教育规模占高等教育的一半以上，总体教育结构更加合理。

2. 院校布局和专业设置适应经济社会需求

围绕转方式、调结构、惠民生，调整完善职业院校区域布局，明确发展定位，突出办学特色。科学合理设置专业，健全专业随产业发展动态调整的机制，重点提升面向现代农业、先进制造业、现代服务业、战略性新兴产业和社会管理、生态文明建设等领域的人才培养能力。

3. 促进高质量就业能力显著增强

各类专业的人才培养水平均有大幅提升。逐步实现专业设置与产业企业岗位需求对接，课程内容与职业标准对接，教学过程与生产过程对接，毕业证书与职业资格证书对接，职业教育与终身学习对接，职业院校毕业生就业质量明显提升。加强职前和在岗培训，重点提高青年就业能力。

4. 办学能力持续提升

健全"分级管理、地方为主、政府统筹、社会参与"的管理体制，完善"政府主导、行业指导、企业参与"的办学机制。经费投入稳定合理增长，实训设备水平与技术进步要求相适应，专兼结合的"双师型"教师队伍建设进展显著。职业教育国家资助政策体系更加健全。引导和鼓励社会力量参与职业教育的政策更加完善。

（二）开展现代学徒制试点工作

为贯彻全国职业教育工作会议精神，深化产教融合、校企合作，进一步完善校企合作育人机制，创新技术技能人才培养模式，根据《国务院关于加快发展现代职业教育的决定》要求，教育部 2014 年 8 月发布《关于开展现代学徒制试点工作的意见》，就开展现代学徒制试点工作制订了工作方案。

1. 充分认识试点工作的重要意义

现代学徒制有利于促进行业、企业参与职业教育人才培养全过程，建立现代学徒制是职业教育主动服务当前经济社会发展要求，推动职业教育体系和劳动就业体系互动发展，打通和拓宽技术技能人才培养和成长通道，推进现代职业教育体系建设的战略选择；是深化产教融合、校企合作，推进工学结合、知行合一的有效途径；是全面实施素质教育，把提高职业技能和培养职业精神高度融合，培养学生社会责任感、创新精神、实践能力的重要举措。各地要高度重视现代学徒制试点工作，加大支持力度，大胆探索实践，着力构建现代学徒制培养体系，全面提升技术技能人才的培养能力和水平。

2. 明确试点工作的总要求

要坚持服务发展、就业导向，以推进产教融合、适应需求、提高质量为目标，以创新招生制度、管理制度和人才培养模式为突破口，以形成校企分工合作、协同育人、共同发展的长效机制为着力点，以注重整体谋划、增强政策协调、鼓励基层首创为手段，通过试点、总结、完善、推广，形成具有中国特色的现代学徒制度。一是坚持政府统筹，协调推进。要充分发挥政府统筹协调作用，根据地方经济社会发展需求系统规划现代学徒制试点工作。把立德树人、促进人的全面发展作为试点工作的根本任务，统筹利用好政府、行业、企业、学校、科研机构等方面的资源，协调好教育、人社、财政、发改等相关部门的关系，形成合力，共同研究解决试点工作中遇到的困难和问题。二是坚持合作共赢，职责共担。要坚持校企双主体育人、学校教师和企业师傅双导师教学，明确学徒的企业员工和职业院校学生双重身份，签好学生与企业、学校与企业两个合同，形成学校和企业联合招生、联合培养、一体化育人的长效机制，切实提高生产、服务一线劳动者的综合素质和人才培养的针对性，解决好合作企业招工难的问题。三是坚持因地制宜，分类指导。要根据不同地区行业、企业特点和人才培养要求，在招生与招工、学习与工作、教学与实践、学历证书与职业资格证书获取、资源建设与共享等方面因地制宜，积极探索切合实际的实现形式，形成特色。四是坚持系统设计，重点突破。要明确试点工作的目标和重点，系统设计人才培养方案、教学管理、考试评价、学生教育管理、招生与招工，以及师资配备、保障措施等工作。五是以服务发展为宗旨，以促进就业为导向，深化体制机制改革，统筹发挥好政府和市场的作用，力争在关键环节和重点领域取得突破。

3. 把握试点工作内涵

一是积极推进招生与招工一体化。招生与招工一体化是开展现代学徒制试点工作的基础。各地要积极开展"招生即招工、入校即入厂、校企联合培养"的现代学徒制试点，加强对中等和高等职业教育招生工作的统筹协调，扩大试点院校的招生自主权，推动试点院校根据合作企业需求，与合作企业共同研制招生与招工方案，扩大招生范围，改革考核方式、内容和录取办法，并将试点院校的相关招生计划纳入学校年度招生计划进行统一管理。二是深化工学结合人才培养模式改革。工学结合人才培养模式改革是现代学徒制试点的核心内容。各地要选择适合开展现代学徒制培养的专业，引导职业院校与合作企业根据技术技能人才成长规律和工作岗位的实际需要，共同研制人才培养方案、开发课程和教材、设计实施教学、组织考核评价、开展教学研究等。校企应签订合作协议，职业院校承担系统的专业知识学习和技能训练；企业通过师傅带徒形式，依据培养方案进行岗位技能训练，真正实现校企一体化育人。三是加强专兼结合师资队伍建设。校企共建师资队伍是现代学徒制试点工作的重要任务。现代学徒制的教学任务必须由学校教师和企业师傅共同承担，形成双导师制。各地要促进校企双方密切合作，打破现有教师编制和用工制度的束缚，探索建立教师流动编制或设立兼职教师岗位，加强学校与企业之间人员互聘共用、双向挂职锻炼、横向联合技术研发和专业建设的力度。合作企业要选拔优秀高技能人才担任师傅，明确师傅的责任和待遇，师傅承担的教学任务应纳入考核，并可享受带徒津贴。试点院校要将指导教师的企业实践和技术服务纳入教师考核并作为晋升专业技术职务的重要依据。四是形成与现代学徒制相适应的教学管理与运行机制。科学合理的教学管理与运行机制是现代学徒制试点工作的重要保障。各地要切实推动试点院校与合作企业根据现代学徒制的特点，共同建立教学运行与质量监控体系，共同加强过程管理。指导合作企业制定专门的学徒管理办法，保障学徒基本权益；根据教学需要，合理安排学徒岗位，分配工作任务。试点院校要根据学徒培养工学交替的特点，实行弹性学制或学分制，创新和完善教学管理与运行机制，探索全日制学历教育的多种实现形式。试点院校和合作企业共同实施考核评价，将学徒岗位工作任务完成情况纳入考核范围。

4. 稳步推进试点工作

一是逐步增加试点规模。将根据各地产业发展情况、办学条件、保障措施和试点意愿等，选择一批有条件、基础好的地市、行业、骨干企业和职业院校作为教育部首批试点单位。在总结试点经验的基础上，逐步扩大实施现代学徒制的范围和规模，使现代学徒制成为校企合作培养技术技能人才的重要途径。逐步建立起政府引导、行业参与、社会支持，企业和职业院校双主体育人的中国特色现代学徒制。二是逐步丰富培养形式。现代学徒制试点应根据不同生源特点和专业特色，因材施教，探索不同的培养形式。试点初期，各地应引导中等职业学校根据企业需求，充分利用国家注册入学政策，针对不同生源，分别制定培养方案，开展中职层次现代学徒制试点。引导高等职业院校利用自主招生、单独招生等政策，针对应届高中毕业生、中职毕业生和同等学历企业职工等不同生源特点，分类开展专科学历层次不同形式的现代学徒制试点。三是逐步扩大试点范围。现代学徒制包括学历教育和非学历教育。各地应结合自身实际，可以从非学历教育入手，也可以从学历教育入手，探索现代学徒制人才培养规律，积累经验后逐步推广。鼓励试点院校采用现代学徒制形式与合作企业联合开展企业员工岗前培训和转岗培训。

5. 完善工作保障机制

一是合理规划区域试点工作。各地教育行政部门要根据本意见精神，结合地方实际，会同人社、财政、发改等部门，制定本地区现代学徒制试点实施办法，确定开展现代学徒制试点的行业企业和职业院校，明确试点规模、试点层次和实施步骤。二是加强试点工作组织保障。各地要加强对试点工作的领导，落实责任制，建立跨部门的试点工作领导小组，定期会商和解决有关试点工作重大问题。要有专人负责，及时协调有关部门支持试点工作。引导和鼓励行业、企业与试点院校通过组建职教集团等形式，整合资源，为现代学徒制试点搭建平台。三是加大试点工作政策支持。各地教育行政部门要推动政府出台扶持政策，加大投入力度，通过财政资助、政府购买等奖励措施，引导企业和职业院校积极开展现代学徒制试点。并按照国家有关规定，保障学生权益，保证合理报酬，落实学徒的责任保险、工伤保险，确保学生安全。大力推进"双证融通"，对经过考核达到要求的毕业生，发放相应的学历证书和职业资格证书。四是加强试点工作监督检查。加强对试点工作的监控，建立试点工作年报年检制度。各试点单位应及时总结试点工作经验，扩大宣传，年报年检内容作为下一年度单招核准和布点的依据。对于试点工作不力或造成不良影响的，将暂停试点资格。

（三）现代学徒制试点情况

2015年8月，我国正式拉开现代学徒制试点的大幕。经专家评议，165家单位获批成为试点单位，其中试点地区共17个。

教育部遴选确定了165家首批现代学徒制试点单位，其中试点地区17个，试点企业8家，试点院校127所，试点行业协会13个，共计1878家企业、370所院校、535个专业。2016年，教育部又组织专家对试点单位的任务书进行了审核，最终有163家通过审核备案，1家试点单位的任务书未通过审核，1家单位主动申请放弃试点。教育部首批确定的试点牵头单位分为四种类型：地区、行业、企业、学校。目的在于，希望不同类型试点能够充分发挥牵头单位的优势，分别从政策、行规、运行、管理等方面为实施现代学徒制探索经验。运行一年多以来，中国特色现代学徒制之路逐渐清晰。各试点单位在现代学徒制的探索中"各显神通"，取得了显著成绩。

北京电子科技职业学院在44个专业中选择了数控设备应用与维护、机电一体化技术等5个专业作为试点专业，分别对应了北京市高端装备制造、城市轨道交通等产业。

广州番禺职业技术学院与深圳百果园实业发展有限公司，共同成立现代学徒制特色学院——百果园学院，学生入学即可获得企业员工身份。通过校企联合培养，很多学生毕业后成为百果园门店店长，或者通过入股门店成为合伙人。

天津现代职业技术学院与天津海鸥表业集团有限公司积极探索现代学徒制人才培养，培养出近百名高素质、高技能的钟表人才，十余名毕业生还走上了海鸥集团技术管理岗位。

机械工业教育发展中心对接"中国制造2025"战略，搭建协同创新平台，促进工匠精神和技术技艺的代际传承，加快人才资源向人力资本和技能积累转化。

自 2015 年以来，教育部共公布了三批现代学徒制试点。2015 年，教育部公布一批试点单位 165 家；2017 年，教育部公布二批试点单位 203 家；2018 年，教育部公布三批试点单位 402 家。

三、"校热企冷"现象亟须改变

现代学徒制归根到底是一个校企合作的问题，校企共赢是现代学徒制能够有效运转的基础保障。从职业的角度看，现代学徒制有利于发挥企业办学的主体作用，真正实现校企双主体育人。但是，大部分企业并没有发挥好育人主体的作用，或者发挥得不够好。

从工学结合改革，到订单联合培养，再到现在的现代学徒制，我国职业教育在校企合作方面的探索从未停歇，为产业转型升级提供了重要人才支撑，但是"校热企冷"的现象一直存在。有专家说："在现代学徒制试点过程中，我们发现试点企业在校企协同育人方面表现被动，人才成本分担机制缺失，参与专业课程体系建设、专业教学内容改革与教材开发的积极性不高。"

例如，在第一批获得备案的试点单位中，有 102 家试点合作企业没有经费投入，其他试点合作企业承诺投入资金共 13237.62 万元，只占全部项目总资金的 22.09%，企业的积极性显然不高。

究其原因，当前我国还缺少一整套与现代学徒制相匹配的机制、规则和标准，而这正是教育部试点的目的所在。我们推行的现代学徒制是具有中国特色的现代学徒制，是符合当下我国国情特点、切实推进产教融合、拉近职业教育与劳动用工制度距离的现代学徒制。我们要从实际出发，进一步制定并完善机制、规划和标准，形成具有中国特色的现代学徒制，而不是机械照抄国外的现行做法。

四、全面推进现代学徒制

为了加快职业教育改革和发展，国务院于 2019 年 1 月发布《国家职业教育改革实施方案》国发〔2019〕4 号，明确提出职业教育改革和发展的要求与目标。为落实《国家职业教育改革实施方案》，2019 年教育部办公厅发布《关于全面推进现代学徒制工作的通知》（教职成厅函〔2019〕12号），就"总结现代学徒制试点经验，全面推广现代学徒制"有关工作提出要求。通知明确提出，要以习近平新时代中国特色社会主义思想为指导，全面贯彻党的教育方针，落实立德树人根本任务，深化产教融合、校企合作，健全德技并修、工学结合的育人机制和多方参与的质量评价机制，深入推进教师、教材、教法改革，总结现代学徒制试点成功经验和典型案例，在国家重大战略和区域支柱产业等相关专业，全面推广政府引导、行业参与、社会支持、企业和职业学校双主体育人的中国特色现代学徒制。

（一）重点任务

1. 招生招工一体化

校企共同制订和实施招生招工方案，规范招生录取和企业用工程序，推进招生招工同步、先招工后招生、先招生后招工，明确学徒的企业员工和职业学校学生双重身份，保障学徒的合法权益。

2. 标准体系建设

按照专业设置与产业需求对接、课程内容与职业标准对接、教学过程与生产过程对接的要求，校企共同研制高水平的现代学徒制专业教学标准、课程标准、实训条件建设标准等相关标准，做好落地实施工作。在开展现代学徒制的专业中率先实施"学历证书+若干职业技能等级证书"制度试点。

3. 双导师团队建设

推广学校教师和企业师傅共同承担教育教学任务的双导师制度，校企分别设立兼职教师岗位和学徒指导岗位，完善双导师选拔、培养、考核、激励等办法，加强学校与企业之间人员互聘共用、双向挂职锻炼、横向联合技术研发和专业建设的力度，打造专兼结合的双导师团队。

4. 教学资源建设

充分利用生产性实习实训基地、技能大师工作室、工程技术研究中心、协同创新中心等，发挥校企双方的场所、设备、人员优势，共同开发一批新型活页式、工作手册式教材并配套信息化资源，及时吸纳新技术、新工艺、新规范和典型生产案例，形成共建共享的教学资源体系。

5. 培养模式改革

坚持德技并修、工学结合、知行合一，按照企业生产和学徒工作生活实际，实施弹性学习时间和学分制管理，育训结合、工学交替、在岗培养，积极探索三天在企业、两天在学校的"3+2"培养模式，着力培养学生的专业精神、职业精神和工匠精神，提升学生的职业道德、职业技能和就业创业能力。

6. 管理机制建设

健全与现代学徒制相适应的教学管理与运行机制。校企协同制订现代学徒制专业人才培养方案，并由学校党委会审定。校企共同分担人才培养成本，完善教学运行与质量监控体系，规范人才培养全过程。

(二) 组织实施

在组织实施上，必须做到以下几点。

1. 加强组织领导

各地要把现代学徒制工作与贯彻落实《国家职业教育改革实施方案》统筹推进，加大政策保障和投入力度，完善政府、行业、企业、职业学校等共同参与的学徒培养质量评价机制，将现代学徒制实施情况作为省级、校级质量年度报告的重要内容。

2. 完成试点任务

各地要加强对现代学徒制试点单位的指导，通过查资料、看现场等多种形式审查试点工作进展情况，按要求做好年检和验收工作，确保高质量完成试点任务。教育部将委托全国现代学徒制工作专家指导委员会对各地和试点单位报送的年检和验收材料进行复核，并根据实际需要组织实地检查，适时反馈年检意见、公布验收结果。

3. 推广典型经验

各地要加强现代学徒制宣传和推广工作，指定专门网站公开本地支持政策、成功经验。通过验收的试点单位，须持续推进现代学徒制工作，全面总结推广工作经验，在单位网站设立专栏，及时发布试点成果，充分发挥示范作用。

2020年，教育部发布《关于做好2020年现代学徒制试点验收工作的通知》，要求各试点单位认真总结重点任务落实情况，撰写省级现代学徒制工作总结报告。内容包括：省内现代学徒制工作推进情况、工作成效及创新点、组织保障、扶持政策、经费投入、存在问题及解决措施、有关政策建议等。省级教育行政部门须结合本地工作实际，围绕现代学徒制重点任务、现代学徒制培养模式下教师、教材、教法改革和疫情期间学徒制班助力企业复工复产等方面推荐五个典型案例。省级教育行政部门要认真做好省级验收工作，成立由省内外现代学徒制专家组成的验收专家组，专家组中至少有一名省外的现代学徒制专家库专家。各地要结合疫情防控形势，通过线上线下相结合等多种形式开展资料查阅、汇报答辩等活动，审查试点单位任务完成情况，并形成省级验收结论，结论为"通过"或"不通过"。最后由全国现代学徒制专家指导委员会（以下简称学徒制专委会）对各地和试点单位报送的验收材料进行复核。

第三节　现代学徒制的启示和作用

一、现代学徒制对我国高职教育人才培养模式的启示

在发达国家，现代学徒制的历史已十分悠久，而我国的应用型职业教育还处在起步期，需要大力发展。因此，我们要学习借鉴先进的培养模式，深刻挖掘剖析现代学徒制人才培养模式的内涵，进一步探索该模式的发展路径和未来规划，使现代学徒制更加符合我国职业教育现状。

（一）对打造应用型技术教育升级版的启示

目前，我国应用型职业教育校企合作教学模式有几个亟待解决的问题：行业企业缺乏培训热情、培养级别不高、培训补贴政策落实不到位、人才培养质量难以得到保障等。我们应借鉴发达国家的现代学徒制人才培养模式，用以建立健全我国应用型院校现代学徒制和校企合作培养模式，

完善培养体系。应用型院校现代学徒制模式构建的首要任务是建立一套符合我国国情的人才培养制度，应注意以下几点：一是树立工学结合的办学理念；二是优化课堂教学安排，完成培养模式转型的升级；三是构建校企合作、实践育人的培养体系；四是建立健全全新的评价体系；五是调整培训补贴政策和补助机制，用减少税收、给予政策优惠等方式鼓励行业企业加大对现代学徒制人才培养的认知和投入。

（二）构建现代学徒制人才培养模式框架

现阶段，我国应用型人才培养模式是现代学徒制，并且是适应我国国情的现代学徒制。人才培养目标既要使学生具备理论知识，又要使其具有较好的实践动手能力，还要培养学生的职业素养，使其具有行业所需要的道德感和责任心。创新是人类不断进步的重要途径，要鼓励学生在所学专业内不断探索和创新，要把学生的动手能力纳入人才考核之中。课程设置是完成现代学徒制培养内容的主要途径，应按专业划分课程内容，因材施教，同时强调实践对学徒的重要性，实践内容应达到50%。在培养过程中，校内教师、行业企业师傅一起完成应用型技术人才的培养任务。课堂上，双师型教师帮助学生快速理解技术的理论知识；在行业一线，师傅手把手地教导学徒如何应用技术，加深学徒对技术知识的了解。由于现代学徒制是属于隐性知识和显性知识相结合的教学，其评价体系也需要采取双重标准。

（三）明确应用型技术人才培养体系内相关方面的职责

在我国现代学徒制中，应用型技术院校、行业企业、家庭、行业协会、相关部门等都应共同协助应用型技术专业学生的成长。从相关部门角度来看，应该以优惠政策扶持与现代学徒制相关的学校、企业，加大校企合作的政策力度，并资助其培训的所需资金；从应用型院校角度来看，学校是在政府部门的指导下开展应用型教学，并达到人才培养的目的，要规划所需专业的路径，激励教师向双师型教师的目标努力，在行业一线实际操作锻炼，再回到课堂中以自己的经验传授给学生；从行业企业的角度来看，行业企业在实践生产中制定了专业的标准，需要把标准反馈给学校里的师生，还要接纳优秀专业人才作为企业发展的后备军，激励、奖励在生产一线表现优良的学生；从家长的角度来看，要支持、鼓励和满足学生对于专业发展的需要，学生需要作出选择时要给以适当的建议，提供一些既有的经验。

二、现代学徒制建设是现代职业教育制度的重要补充

当前我国正处于构建现代学徒制的初期，亟须进一步提升应用型教育的水准，解决职业教育中存在的一些问题，以提高学生的素质，增加就业率。

（一）职业知识的学习需要工作情境

近年来，我国应用型院校已经有了长足的发展，但是技能型人才还十分缺乏。随着科技的进步，企业生产日趋自动化，精益生产的呼声越来越高，管理的扁平化也日趋明显，管理模式越来越清晰，且一目了然。在这样的背景下，应用型人才面临着更大的挑战。

市场调研发现，用人单位往往对应聘人员的工作资历有更高要求。除具体的技能外，还要求应聘者能够具有一定的组织协调、统筹规划和决策能力，即更需要复合型的人才加入企业。要实现隐性知识的积累，单一的课堂教学难以支撑，必须通过显性知识与隐性知识配合、校企合作的模式来培养人才，这正是现代学徒制的内在属性。

（二）正规的技术培训渠道将缓解现实窘境

现阶段，很多行业企业都有一些非科班出身的学徒，这些人往往是单一的学徒，没有经过学校职业教育，直接在行业企业一线工作，其中以"90后"居多，且多是学历较低的年轻农民工。越来越多的年轻农民工涌向外地务工，因为缺乏专业技术常识，往往处于生产第一线。而那些接受了正规培训的员工则是企业和市场中所需要的，不仅能提高企业生产效率，更能实现劳动者个体的职业价值。因此，企业员工接受正规的技术培训是缓解现实窘境的有效渠道。

（三）现代学徒制是国际职业教育制度发展完善的共同趋势

在人类社会的初期，社会生产主要依赖于手口相传的传统学徒制。工业革命以来，越来越多的技能凭借学校的教学来传授，而不是传统学徒

制。值得注意的是，传统学徒制仍然保留着，只是形式上略有不同而已。以德国、瑞士等国家为例，双元制这一现代学徒制初期形态的构建就是最好的例证。甚至可以说，相较于其他国家，学徒制应用得越好、越广泛，则该国家的工业和制造行业发展水平越高。现代学徒制可实现校企合作之间的供需平衡，让学生一毕业就有实际的工作经验，在就业过程中能更加顺利，增加应届毕业生的就业率。此外，还能让好的学生逐步流向大型企业，让学生竞争力更强，有更好的职业发展道路。

在培养应用型学生的能力和效率方面，现代学徒制的优势十分明显。世界上很多国家采取了与双元制不同的现代学徒制人才培养模式。例如，丹麦、奥地利等国家都出台了相关法律法规，对与现代学徒制相关的学校和企业采取统一管理机制。此外，从中央到地方分别设置了相关部门进行控制和监督，协助现代学徒制的良性发展，让校企合作的双方都有法律保障。

应用型技术人才培养机制下的现代学徒制拥有双主体和双身份的属性。前者是校企合作的主体，即学校、企业，二者协力培养学生；后者是受训者，既是学生，又是学徒。众多研究者认为，德国现代学徒制有其深厚的后盾和有力的支撑，从而促进了德国工业的快速发展，并居于世界前列。

专家认为，现代学徒制在一定程度上颠覆了传统的应用型教育生态环境。人们普遍的看法是，现代学徒制重视校外实践，也就是校企合作的模式。校企合作不是单纯意义上的形式合作，而是把培训的主体和客体重构并且升华。应用型学校可以重构教育体系，进行全面的革命和嬗变。要对课程进行重新架构，离不开企业和学校双方之间的通力合作，从而对课程进行再度开发，完成与企业有关的配套教学改革；进行课程改造，教室和实践一线合二为一，打造出现代学徒制的崭新课程模式和教学文化；把人才评估体系纳入考核，制定符合当下实际的评估体系；在课程设置上，大部分的课程都安排在行业企业操作一线，课程的形式、内容更加灵活多变；校企合作的定岗定责更为明晰，把权力和责任落实到人头，让有限的生产和教学资源能够在现代学徒制的人才培养模式中得到无限量的放大，真正实现校企合作的人才培养目标。

三、现代学徒制是我国高职教育人才培养的新出路

(一) 我国高职教育人才培养的现实困境

目前,我国高职教育人才培养模式主要有"订单式""学工交替""实训—科研—就业一体化产学研合作""双定生""工学结合""校企双向接入""结合地方经济全面合作""以企业为主合作办学"等。虽然模式不同,但存在的问题大致相同。

1. 培养模式无法"标本兼治"

前面所谈到的培养模式,从表面上看是新的途径和形式,但实质上与传统的高职教育没有什么区别,虽然有些地方有些微调,但都是治标不治本。必须构建适用于现代学徒制的教学机制,以学生的专业知识和专业素养的培养为根本,构架起良好的培养环境,为未来的长足发展打好基础。对于各种教学形式,应该明确其人才培养目标和意义,从实践出发,因人施教。

2. "拿来"的人才培养模式缺乏中国特色

在我国,由于应用型教育出现的时间比较晚,其研究也相对滞后。目前,我国学者对现代学徒制的研究开始多了起来,借鉴和参考西方国家的教育模式成为研究的内容之一。然而,不同国家和地区的文化迥异,社会环境、经济条件等不同,如果一味地借用别国的现代学徒制教育模式,照抄照搬,难为我所用。只有从我国的实际出发,走中国特色的职业教育发展道路,才能让现代学徒制的人才培养模式得到长足发展。

3. 忽视职业道德和经验在模式中的地位

当下的职业教育培养模式,主要是以专业课程为核心,缺乏对人才培养本身的内涵审视,尤其缺少综合能力、整体素质、职业道德、工匠精神等方面的培养。课堂上所学的知识点和技能往往跟不上当下的技术发展,学生毕业后还要经过一些基本知识和技能的培训,才能逐步适应企业的要求。

(二) 现代学徒制有利于我国高职人才的培养

建立在传统学徒制基础上的现代学徒制,既保留了师傅教与徒弟学的传统,同时又重新定义了专业课程设置、人才评估体系、教育生态环境等

内容，是一种崭新的应用型职业教学体系。

1. 现代学徒制体现了高等职业教育特点

高等职业教育院校尤其是新建应用型技术院校，与其他教育机构的最大不同在于，它不只是重视学历，而是肩负起了培养与时代相契合、能为社会经济做出贡献的优秀专业人才的重任，这正是现代学徒制应用型技术人才培养模式的最终目的。未来的应用型技术人才必须是那些既掌握动手操作技能，又懂得技术原理的复合型专业人士。现代学徒制的人才培养目标把对学生的要求定位在操作的精通熟练性上，把对教师的要求定位在精通先进的专业和熟悉本行业上。另外，应用型技术院校允许学生边实习边上课，不限制学生自主实践的机会。只有充分发挥现代学徒制的优势，让学徒能够学到真本领，在学校里就积累到一定的工作经验，才能摆脱应用型本科院校现有的尴尬局面。

2. 现代学徒制培养模式能够标本兼治

在应用型人才培养的过程中，多个环节通力合作，才能使培养出来的人才适应市场的需求。换句话说，其中任何一个环节或某几个环节的缺失，仅仅是革新应用型教育的方法、形式，都不可能培养出真正优秀的专业人才。不同于传统学徒制中师傅手把手传授给徒弟技术的"土办法"，现代学徒制的教学方法更加丰富，以显性知识作为基础，再一步步积累实践经验，而在这个过程中，行业企业一线的老师们其实早就在授课了。

参与到现代学徒制人才培养环节的行业企业能够与学校联合设置安排教学计划，给学生布置实践课的作业，让学生早日与专业接轨，与行业接洽。在这样的环境下培养出来的学生，能够较快洞悉行业风向，找到自己将来的奋斗目标，更有拼搏的斗志。与此同时，行业企业能够边培训学生、边挑选适合本企业需求的人才，大大削减了经费，节约了时间，可谓一举多得。这种人才培养模式，行业企业也在教育领域占有一席之地，甚至和学校具有同等重要的意义，这使得校企合作的协同程度更高、壁垒更少，大大缓解了由此产生的一些问题。

3. 现代学徒制是中国特色的职业人才培养模式

现代学徒制应用型技术人才教育模式，在西方发达国家比较普及和成熟，研究专家的视野大多集中于此。一切教育理论的科学研究都是为了服务于当下的教育实际，我们对其他国家现代学徒制的研究，也是为了进一步推动我国应用型实践教学向更好的方向发展，以此推动中国现代学徒制人才培养模式的发展。更重要的是，我们要研究现代学徒制的中国特色，要把国情纳入考虑当中，从国家、社会、企业、学校等方面进行综合考虑，不断完善应用型教学领域的政策，逐步探索出一条具有中国特色的现代学徒制之路。

4. 现代学徒制以育人为核心，培养高素质技能型人才

现代应用型技术人才的培养，除了教，更要育。很多学校为了提高学生的专业能力，提高毕业生的就业率，一味地强调专业技术的重要性，却忘记了育人的教育使命，这直接导致了很多学生对于本专业文化内涵认识不足，无法在受到社会现状冲击和面临巨大反差时保持初心、匠心，甚至会丧失原则和底线。只有以社会主义核心价值观指导培养学生，使学生树立正确的世界观、人生观和价值观，具有一定的社会责任感、职业敬畏感，师者率先垂范，才是应用型技术教育中育人的唯一捷径。在提高学生的专业能力的同时，潜移默化地形成学生的职业意识和职业道德，培养出思想和能力与市场需求相匹配的复合型人才。

第二章

高职教育现代学徒制的构建与教学应用

第一节 现代学徒制人才培养模式的构建

当前,我国职业教育正处于应用本科院校向技术应用型转型的探索期。现代学徒制的推行,能够适应社会经济发展的需要,不仅在现代职业教育中,而且在应用本科院校改革中都将发挥重要的作用。因此,探索出一条具有中国特色的现代学徒制人才培养模式是一个具有理论和现实意义的课题。现代学徒制的人才培养模式的构建和教学应用模式的革新是本节讨论的内容。

一、深化校企合作,强化合作内涵建设

现代学徒制整合了经济和教育的相关资源,是一种资源整合的新模式,既有利于教育发展,又能带来经济效益,可谓校企合作的新型跨界教育模式。这种新型的教育模式,因其自身显著优势,无疑为现代教育的发展转型提供了新的机遇和方法。从经济效益方面来看,现代学徒制是一种既投入了相关的专业知识,还能有经济方面回报的产学研的合作模式。

"学徒"通过在企业跟随具备专业化知识的"师傅"学习实践，将课本中的理论知识与实际紧密结合，不仅使自己的能力和水平得到提升，同时也为企业发展带来一定的效益，成为一种有实际产出的人才培养模式。从职业教育的不同办学形式来看，学徒制能够降低教育成本，减少国家财政负担，保障技能型人才培养的质量。因此，只有营造出良好的校企合作氛围，强化企业和学校之间的合作内涵建设，才能推动现代学徒制向更加良性的方向稳步发展。但是，目前我国现代学徒制合作企业的参与现状不容乐观，还存在着一些亟待解决的问题。

首先，从企业自身来说，它们的参与积极性不高。由于学徒制的推行在一定程度上耗费了企业的人力、物力资源，企业的利益和损失只能根据现实情况判断，无法保证企业可以切实获得希望得到的效益。这些都在一定程度上削弱了企业参与学徒制的积极性。目前我国现代学徒制的推行缺乏明确的政策制度保障。在德国，政府设立专项补贴资金面向"教育企业"，它们每完成一个为职业院校专设的进修职位和就业岗位，政府便有相当数额的资助费用供给。一些国家为了缓解本国的就业压力，鼓励企业积极参与职业教育，政府部门则为这些企业提供政策支持，尤其是减免相关税收等。因此，为了鼓励企业的参与热情，我国也应该学习和借鉴一些西方国家的做法，国家拿出专门资金进行资助，降低企业的成本，促使更多的企业参与其中。只有让企业享受到现代学徒制推行的利好，它们才会有推动校企合作的积极性，才能主动增加对现代学徒制人才模式的投入。

其次，从学校和企业的关系看，双边共赢关系不甚稳定。一方面，对于学校而言，要选择合适的企业推行现代学徒制，这就要求学校从自身实际出发，以学生为核心，选择符合标准的合作企业。另一方面，现代学徒制的"双向"选择需要学校和企业的通力合作，企业的配合程度是决定二者关系是否稳定的前提条件。在学校看来，很多适合开展合作的企业，往往出于切身利益的考虑，拒绝和学校合作。另外，虽然有些企业已经和学校达成相关协议，但持久度和稳定性不够，一旦出现与切身利益相关的问题，企业和学校之间的关系就变得不稳定了。要想增强院校和企业之间合作关系的稳定性，必须准确把握校企合作的切入点。只有明晰校企之间合作的共同目标，寻找校企合作最恰当的切入点，才能为双方的合作奠定坚实的基础。构建校企协同育人机制是深化合作内涵建设的重要措施，可以有效促进学校和企业的合作进程，让校企双方在现代学徒制的推行中能够保持一致步调。实施包含常规、过程、第三方和成果展示的多元考核评价机制是促进双方关系稳定的催化剂，推行公平合理的考核评价机制，可以有效促进学校和企业之间的合作关系，使之平稳、良性发展。

最后，要想推行现代学徒制，相关企业必定会增加一些风险，尤其是用人方面的风险系数。培养出来的人才能不能适应社会岗位需求，这就需要企业承担一定的风险。特别是企业在承担了相当的风险成本（学生在学徒期间如果发生安全事故，责任的承担问题），耗费了一定的企业生产成本之后（需要给学徒安排专门的师傅进行培养，特别是那些有较高技术要求和标准的企业，不正确的操作方式还可能给企业带来巨大损失），最终合适的人才在学成之后不愿继续留在企业，企业处于"竹篮打水一场空"的尴尬境地。为了摆脱企业的尴尬境地，进而让其真正做到想投入、敢投入，现代学徒制应该逐步建立从招生到用工的完整规范体系。德国的做法为我们解决问题提供了思路：采用"两个统一"，即统一对职业名称进行国家认可，统一对课程进行共同的开发，从而使现代学徒制的学习与普通学校学习没有本质的区别，是兼收并蓄和开放进取的。通过建立一整套规范体系，让学生真正学到实用的内容，获得职业技能，同时也可以避免企业陷入留不住人才的尴尬境地，真正深化企业和学校的合作内涵。

现代学徒制校企合作的推行和深化合作的内涵，对目前正处于转型发展期的应用本科院校来说任重而道远。应用本科院校应该吸收借鉴一些国家的经验，同时结合我国的现实情况，努力探索并形成具有中国特色的现代学徒制人才培养模式。总之，稳定而长远的校企合作关系，离不开国家政策的支持，离不开管理评价体系的逐渐完善，更离不开学校和企业之间的默契配合。只有不断推进和深化校企合作，强化和稳固合作内涵建设，才能更加有力地推动现代学徒制多元化模式的构建。

二、加强制度建设，促进双重身份协调

目前，我国现代学徒制的试点工作已不再局限于职业教育，而是逐渐推广到新型应用本科院校，它必将对本科院校应用型转型发挥良好的推动与促进作用。因此，加强制度建设对于应用本科院校学徒制的构建与教学应用具有至关重要的意义。我们应该借鉴国外一些成功的经验，从以下两个方面加强现代学徒制制度建设。

首先，应设立专门规范的组织管理机构，进行现代学徒制的管理。西方国家在推行现代学徒制的过程中，成立了行业协会或者学徒中心。这些机构专门负责现代学徒制的日常管理，制定章程和标准，为现代学徒制保驾护航。其相对独立的运行机制，推动了公平合理的现代学徒制的建立和良性健康发展。

其次，现代学徒制推行的关键点在于学生这个主体，学生与学徒的双重身份是要明确确定的。现代学徒兼有学生与工人的双重身份。身为学校中的学生，他们是校园生活的主体，也是基本公共服务的最终体验者和消费者。从这个角度上讲，一些应用本科院校在转型过程中，应该从学生角度出发进行现代学徒制的改革实验，从而最大限度地保障学生利益。要逐步完善并推行学徒权益保护制度，减少学生（学徒）在实践过程中可能遭受的伤害或损失。另外，还要确保学生在学习过程中的权益，明确学生、企业和学校之间的三重关系，避免产生不必要的纠纷。要签订三方协议，确保学生与学徒的身份不受相关事情的影响，让处于校内学习和校外实践的学生（学徒）权益可以真正得到保障和落实。

在现代学徒制的运行中，学生（学徒）参与企业的生产和经营，如何能够真正适应企业和社会的发展需要，在不断学习理论知识的同时，及时提升自己的专业技能，是摆在学生、企业与学校三方之间的关键问题。首先，要想实现学生（学徒）双重身份的协调，企业自身要明确其需求的人才培养目标，有步骤地推行适合企业和社会发展的人才培养计划，同时与学校的课程相对接，构建合理的对接人才需求的教学方案。其次，采取校企双赢的招生及招工方式，让已经学成的学生可以进入合作的企业工作，

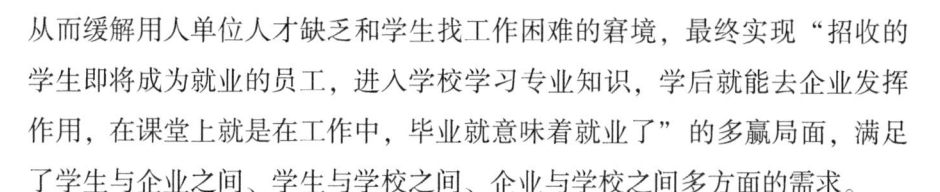

从而缓解用人单位人才缺乏和学生找工作困难的窘境，最终实现"招收的学生即将成为就业的员工，进入学校学习专业知识，学后就能去企业发挥作用，在课堂上就是在工作中，毕业就意味着就业了"的多赢局面，满足了学生与企业之间、学生与学校之间、企业与学校之间多方面的需求。

通过以上措施，我国应用本科院校在现代学徒制的制度建设方面得到强有力的支持和保障，困境也可得到一定程度的缓解；学生（学徒）身份在学校和企业的通力合作下更加协调稳定，最终推动现代学徒制多元化模式的构建和教学应用模式的实行。

三、完善学位制度，推动学历职业"双证"并行

学术水平的衡量标准是学位制度的建立，国内学位证书的授予施行严格的制度。我国目前学位制度的施行仍旧强调以成绩和学术水平的高低为主要评价和考核标准。该做法虽然在一定程度上保证了学位制度施行的价值，但过分强调以学生的成绩和学业水平为衡量和评价的准则，影响了学生在技能应用等方面提升的积极性。因此，如何进一步完善我国的学位制度，使之更加适应新时期新建本科院校应用型转型的背景，是一个值得探讨的重要课题。

当前我国高等教育学位的授予主要分为三个不同层次：学士学位授予在本科阶段，硕士学位授予在硕士研究生阶段，博士学位授予在博士研究生阶段。实际上，我国的教育学历分为小学、初中、中专或高中、专科或本科、硕士研究生和博士研究生六个层次，但是学位只有学士、硕士和博士三种。专科与本科同样属于高等教育，它只有学历，却没有学位证书。如何破解学位三层次、学历四层次的窘境也成为我国高等教育发展亟待解决的课题。

近年来，高等教育改革步伐不断加快，针对我国存在的学位三层次、学历四层次的现状，国家开始推行学历职业"双证书"制度，以解决我国职业教育没有专业学位的窘境，也为以后包括中职、专科、本科和研究生在内的高等教育指明发展方向。这种管理模式的提出完全与国际接轨，顺应时代的发展，必将促进包括中职、专科在内的职业教育蓬勃发展；重视

中职、专科和本科教育的学分积累制度，甚至研究生教育学分积累与转化制度也逐步实现。这些积分政策的实施，将会为职业教育注入强有力的催化剂，使职业教育和本科、研究生阶段教育的融通逐步从理想状态变为现实，建构起更加成熟完整的高等教育体系框架。

新建应用本科院校在推行现代学徒制的同时融入"双证书"制度，是解决我国目前面临的高等教育体系不完善、学位学历层次不平衡问题的正确路径。基于此，必须积极推进职业资格证书制度，平衡"双证"之间的比重，实现专业课程体系与职业鉴定标准的有效对接，促进教学工作进一步专业化、标准化。企业应将学生实习岗位和教师教学实践岗位相结合的模拟工作岗位的教学课程尽快落实在企业中，既能让学生在实践中学到知识，又能让企业有一定的收益，这样才能达到三方共赢的局面。同时，要坚持推行现代学徒制的教学理念，依托校企合作制定和开发双证课程目标及内容，掌握职业技能标准与课程标准对实践的要求，综合行业规范完成实习实训任务。

因此，建立完善的学位制度和学历职业"双证制"，必将成为应用本科院校积极推进的目标。只有更好地将现代学徒制与应用本科院校的转型之路相融合，积极推进普通高校向应用型转型，完善学位制度建设，促进现代学徒制多元化模式的构建，才能推动我国应用本科院校现代学徒制的构建。

综上所述，现代学徒制人才培养模式的构建离不开校企之间的合作、制度政策的保障和学位制度的完善，只有多方面共同努力，才能更好地推进现代学徒制人才培养模式的构建进程。

第二节　现代学徒制教学应用模式的变革

随着社会经济的快速发展，我国现代学徒制教学应用模式也将发生深刻的变革。我国现代学徒制滥觞于职业教育，现已逐步拓展到一些新建应用本科院校。应用本科院校应积极总结经验，并结合自身实际，探索出一条具有中国特色的现代学徒制教学应用模式。

目前现代学徒制与应用本科院校处于转型变革的关键时期，在摸索前行的道路上，并不是一帆风顺的，还存在着一些亟待解决的问题。本节立足应用本科院校现代学徒制教学应用模式，从教育教学体制、新型学徒制探索、课程体系优化、教师管理以及师傅的任用选拔四个方面进行探究分析。

一、深化教育教学体制改革，探索现代学徒制教学应用模式

改革教育教学体制是关系现代学徒制自身发展完善的重要一环，只有深化教育教学体制改革，才能适应社会经济发展的要求。现代学徒制教学应用模式的变革需要从教育（主要以学生为中心）层次和教学（以教师和师傅的合作为主体）质量两个方面着手，同步探索与现代学徒制融合的过程。

在推行现代学徒制过程中，小班化职业教育的施行和试点工作推动了教育教学体制前进的步伐，对应用本科院校教育教学体制的变革具有一定的借鉴意义。小班化模式是指学校在招生设立班级的时候，根据学校特色、专业特点、教学资源和学生兴趣等因素有计划地推行小班化。小班化的推行试点，与当前我国教育供给侧改革背景不谋而合。要想在教育领域供给侧实现改革，就必须要对供给端的三个关键因素有更高层次的要求：质量、效率以及创新性。小班化的教学模式与传统教学方式有明显的不同，一个班级的学生比较少，这样教学目的就会有针对性，教师教学更具灵活性，学校教育的灵活度会明显提升，整体的教学质量也会不断提高。学生的需求更容易得到满足，更利于教师和师傅关注到每个学生，甚至一个学生可以配备两个师傅，从而让学生的技能得到更快提升，更加适应时代的发展要求。因此，学生是小班化教学的最大受益者，适时推进小班化教学，紧密联系学校实际情况，以学生为中心，进一步提升学生的专业素质和综合能力，将有助于推动我国现代学徒制教学应用模式的构建进程。

深化教育教学体制的改革，离不开硬件设施的支持和教学质量的监督

与管理。教学质量的提升，离不开教育教学评价和考核机制。学校应积极完成对学徒制评价体系的构建，特别要与其发展特点相契合、相适应、相匹配。由于现代学徒学生的双重身份和"双导师制"的教学模式，就必须建立一整套合理规范的考核评价机制。对学校而言，设立统一的考核标准，避免了现代学徒制推行过程中考核标准不一致导致的"混乱"局面；对企业而言，建立统一的考核评价机制，有利于规范师傅的教学行为。因为学徒制选拔出的师傅大多以"做"取胜，但对于"教"相对来说比较陌生，只有建立规范的评价考核机制，师傅才会更加严格要求自己，这也在一定程度上促成师傅之间相互学习。同时，学徒也能在技能上有很大的进步和提高，从师傅身上获益匪浅，从而为日后的发展奠定坚实的基础。

硬件设施是学生在校园生活的基础和保障，坚实的硬件设施条件能够有助于师生完成教育教学的各项任务，有利于推动学校健康发展。学校硬件设施是指学校中的各种环境条件，包括教学、学习以及休闲娱乐环境等。现代学徒制的运行，不仅需要学校硬件设施强有力的支持，同时还需要企业提供良好的硬件设施，如高质量的机器设备、优雅的工作环境等。鉴于此，学生学习的热情、学生学习技能的兴趣和学生学习理论知识的兴趣面才能被激发出来。硬件设施的完善不仅能提供教学的便利，还能提升教师（师傅）和学生顺应时代发展而探索新的教学方法，对于推动教学课程的改革也有一定的帮助。

职业院校是推行现代学徒制的重要基地，在推行过程中，教育管理者、企业和院校分别扮演着不同的角色。作为指引者和引领者的政府，其主要职责是制定和完善相关政策法规，对参与的企业提供经费支持。企业在现代学徒制中实现了华丽的身份转变：从传统学徒制的客体转变为现代学徒制的主体，同时充分展现其主体地位和主导作用，把控实施进度和过程并进行总体责任落实。曾经作为主体的院校，在这里则变成了处于辅助地位的参与客体，主要思考怎样更好地满足企业的需求，更好地为学生提供相关服务。因此，在我国目前许多应用本科院校转型的重要时期，现代学徒制模式完全符合时代的发展趋势。现代学徒制在保持传统学徒制"师带徒"的基础上，让学生在理论和技能方面得到提升，这更加有助于学生早日进入社会，解决就业难题。现代学徒制的建立和推广很大程度上就是要开展校企合作，互惠共利。使学生既能学以致用，又能毕业即就业。校企合作培养的学生既符合社会的需求，又能改变以往学生毕业即失业的尴尬局面，有利于缓解就业压力。现代学徒制的主体从院校转移到企业，赋予企业更多的自主权，再加上政府的政策资金支持以及学校的协助，从而提升了企业参与新型学徒制构建的积极性。同时，现代学徒制教学模式明确了"招工即招生，入企即入校"为其主要内容，作为用人单位和主要培养单位的企业，负责确定和落实学徒对象以及岗位的具体设定。这种学徒制探索以岗位需求为中心的培训模式，与目前德国等国家推行的现代学徒制有诸多相似之处。

现代学徒制的探索推行符合企业惯常的对于相关岗位的劳动养成的基本规律，如此，就建构起以政府引导力、企业为主体、院校相配合的三方联动机制。在现代学徒制试点过程中，多方受益将会成为不争的现实：作为实施主体的企业，可以招收更多具有高素质、能够适应岗位需求的技工；作为未来劳动者的学徒则实现了岗位职业与技能双方面的学习和提升；学生的高就业使学生的生源变得更加稳定，有助于学校的发展；政府能够解决最基本的就业问题，实现社会经济的稳定发展。

二、优化课程体系设置，全面推进统一进程

课程的设置是实现教育的目的，是内容、方式、分量、范围等多方面的总和，是高等院校进行人才培养的基本途径和方法。从狭义上讲，课程主要是指各门课程培养的人才方案；广义上讲，课程主要是指按照课程的相关要求建立起属于每个学科的每个体系。狭义课程和广义课程共同组合成高等院校的课程。在整体课程的规划当中，高等院校按照相关的培养方式和方法，以某一学科知识点所建立的传授课程教学，这些课程的设置每年都要做出相应的调整，以便符合社会发展的需求。

应用本科院校的课程结构主要有公共课、学科基础课、专业基础课、专业核心课、实践操作课等。应用本科院校在课程设置过程中，要定位好自己的办学目的、办学方式和方法、人才培养目标等。随着社会经济的发

展,时代所赋予的社会责任也在不断变化,对于人才培养提出了更高的要求,课程设置只有不断地变化发展,才能跟上时代发展的脚步,才能培养出更多的优秀人才。应用本科院校只有把提高人才培养质量的教学目标贯穿到教学全过程中去,才能更加符合现代学徒制的发展要求,推进所有应用本科院校教育教学的改革。然而,课程的优化改革与课程本身是有差别的。因此,在实际推行过程中,既要重视狭义的单门课程建设,又要加强广义的课程体系的改革与优化,并促进二者的有机结合。同时要找到现代学徒制与课程改革的契合点,推进两者的共同进步与发展,从而为我国高等教育人才质量的提升奠定坚实基础。

课程体系主要是指根据人才培养的目标,进行课程内容和教育教学活动的一整套系统。课程体系的建立,既要符合教学内容的发展,又要成为学校教育的主要方式之一,更要成为培养人才的主要途径。课程体系直接影响着学生的专业知识、业务能力和人文素质的全面发展,课程体系的完善和建立关系着人才的培养质量,也关系着特色办学模式的建立和发展。依托课程体系的改革直接关系到应用本科院校的发展,也是关系到现代学徒制能否顺利实行的重要保障。因此,应用本科院校的课程体系设计更加具备其自身的优势特色,同时不断进行革新,赋予新的时代内容。

当前我国应用本科院校正处于现代学徒制的探索试点时期,优化应用本科院校课程体系设置,使之与现代学徒制的要求相适应,更加符合现实需要,将为应用本科院校实现转型和教育领域的"供给侧"改革提供强有力的助推力。有专家认为,"处于转型发展时期的应用本科院校要发挥制度后发优势,制度移植、模仿与创新三者不可或缺,且制度模仿是最有效的路径"。建立一个既符合社会发展需要,又具有本国特色的现代课程体系,可以为现代学徒制的建立打下坚实的基础,帮助学校在人才培养方面制定更加准确的方向和目标。

在现实状况下,优化应用本科院校的课程体系设置,应从以下几个方面着手。

首先,建立服务于现代学徒制的课程体系。现代学徒制的实行,离不开学校、学徒制企业以及相关管理部门的通力合作,要有一个完整系统的课程体系作为衔接的载体。但我国目前尚未形成一个专门服务于现代学徒制的课程体系。相比较一般的课程体系，服务于现代学徒制的课程体系应该更加注重课程的实践性，将学校中理论的学习与真实工作环境下的实践学习相融合，通过理论的学习指导有意义的实践活动，同时通过实践活动提升理论认识和水平，使学生的理论和实践能力都得到提高。一个专门针对现代学徒制的课程体系，必将推进课程体系的优化和管理，最终推动新建本科院校教学应用模式的改革与革新。

其次，加快现代学徒制教材的编写和应用。教材的编写和应用是教学体系优化改革中的重要环节，关系着教育教学的质量和教学应用改革的进行。编写为现代学徒制服务的教材，应该着眼于应用本科院校的实际，同时紧密结合供给侧结构性改革的时代背景，从学生角度和利益出发，进行校企合作基础上的专门教材编写，既符合学生就业需要，也能让学生有所收获，在传统教材编写基础上实现创新和突破。

最后，构建应用本科院校现代学徒制基础上的多学历整合课程体系平台。我国大力发展职业教育，推行职业证书和学历证书"双证并行"，应用高校本科院校应联系自身实际，在优化课程体系的建设过程中，推动构建现代学徒制基础上的多学历教学体系，探寻在应用本科院校的职业教育。

实现现代学徒制是我国现代职业教育的重要内容，也是我国从制造业大国逐步向制造业强国转变的重要一步。现代学徒制的推广和发展是一个非常复杂的体系，各个地方都在进行试点和摸索。我们要多方面总结试点单位的成果，及时发现问题，进行调整。目前我国在现代学徒制的试点推行过程中，尚未建立统一的课程标准以及统一的课程体系，因此，要积极推动全面统一的课程标准和课程体系的建设，实现课程标准和课程体系的规范统一，尤其应该在国家层面进行顶层设计和统筹规划，让现代学徒制试点单位按统一的课程标准进行教学实践。同时，广大中小企业还可以借鉴发达国家的经验，依托行业协会等组织，建立联合实训中心，共同参与现代学徒制，探寻最佳的实现途径。

三、完善培训管理机制体制,强化"双师双能型"教师队伍

教师作为教学活动的主要执行者,直接关系着教学质量的高低。古今中外,无论是作为一种职业还是一种身份的象征,教师都受到人们的尊敬和重视。教师不仅是知识的传播者和教授者,为学生答疑解惑,更对学生的健康成长发挥着重要作用,对学生的世界观、人生观和价值观的形成产生不可磨灭的影响。因此,完善教师的培训管理机制将对提升教师素质和教育水平,具有重要意义。随着经济全球化步伐的加快和互联网技术的迅猛发展,各国之间文化和教育的交流愈加频繁,在网络平台出现的各种公开课,更是推动了全球优质资源的共享。教育作为影响一个国家文化软实力的重要因素之一,日益成为各个国家关注和发展的重点,教育发展和人才的培养日益上升到国家战略层面。因此,强化对教师的培训管理机制,必将对发展我国教育事业产生重要的作用。

"双师双能型"教师,是近年来职业教育中反复出现和强调的一个新名词。对这一概念,现在还没有一个规范的定义,研究者大多着重于对"双师"概念的解释,对于"双能"则涉及较少。"双师"教师的具体要求是:首先要具备讲师、副教授或教授资格,有对相关专业的知识要求和较高的文化水平,还要有较强的科研能力和教学能力等综合素质;其次要具备较强的实践操作能力,要有一定的组织能力和推广能力,以及指导学生创新创业的基本素质。尽管对"双师双能型"教师存在着不同角度和层次的理解,但一个确定的事实是,"双师双能型"教师概念不断拓展延伸,对应用本科院校的教师提出了更高的标准和要求:教师不仅要具备理论教学能力,更要有实践教学能力。要加强"双师双能型"教师队伍建设,必须构建合理的教师结构,改革聘任制度和评价方法,积极引进各行各业的专家进入课堂授课,对于专业建设带头人和学科带头人一定要聘请熟知该领域的优秀人才,尤其是技术人才、高技能人才和管理方面的人才担任客座教师或兼职教师。鼓励高校教师到生产一线去学习和实践,学校也要提供必要的教学评价体系,采取职称评聘、薪酬鼓励等多项措施。

完善教师培训管理机制体制,强化壮大应用本科院校"双师双能型"

教师队伍，必将推动我国应用本科院校在现代学徒制的试点过程中的教学应用变革进程。具体应该从以下几个方面着手。

首先，应设立专门的服务于现代学徒制的教学培训管理机构。我国职业教育正处于开展现代学徒制试点工作的关键时期，然而尚未形成一个专门的服务于现代学徒制教学实际的培训管理机构，这样一个现状也让各个试点单位在教学实践中缺乏统一的规范管理和培训课程，评判标准、管理层次、培训内容等各不相同，不利于现代学徒制教学应用模式的平稳运行。因此，我们应密切联系现实，借鉴西方发达国家的经验，成立具有中国特色的相对独立的专门服务于现代学徒制的教学培训管理机构。

其次，应打造一支服务于应用本科院校的现代学徒制专门教师团队，选拔一批"双师双能型"教师作为管理人员，参与到机构运行中。该措施的推行，有助于激发教师参与现代学徒制构建的积极性，同时让其发挥自身的优势，达到人尽其才的效果。"双师双能型"教师的选拔，尤其是对青年教师的选拔和任用，可以作为应用本科院校现代学徒制教学实践培养的储备管理人才，也是现代学徒制人才培养模式在应用型转型背景下对教师的必然要求。

最后，教师的实践锻炼要表现在生产第一线的挂职锻炼以及企业的培训中，这样才能完全融入现代学徒制培训模式，才能更好地推动教师自身素质的提高，有利于教师把一线的知识传授给学生。随着现代学徒制的深入推进，对教师自身素质和能力有着更加严格的标准和要求，这就需要拓展教师的培训渠道和平台，结合新媒体等进行多渠道和多平台的培训学习，有计划地推进教师到企业进行培训、挂职和实践锻炼，从而推动"双师双能型"教师队伍的发展壮大。

四、严把师傅考核任用关，提升师傅综合素质

校企合作是现代学徒制人才培养的重要方式，主要以课程为中心，以培养学生（学徒）为核心，是企业的师傅和学校的教师为主的内外导师制为主的培养方式。传统人才培养模式主要是学习理论、实验理论和实践实习三步走的模式。与传统学徒制相比，学生学习理论，直接与社会接轨，

且具有一定的岗位课程，把企业的职业特征和职业素质完全体现在这种培养方式中，这样的模式在德国、澳大利亚、英国、法国和美国等国得到广泛的应用，在我国也受到越来越多的重视。

现代学徒制人才培养模式中，企业师傅是关键人物，也发挥着非常重要的作用。

首先，企业师傅要直接参与教学管理运行和人才培养方案制定。在现代学徒制人才培养实施过程中，高等院校与合作企业共同研制切实可行的实践教学、相关的专业教材和课程，完善的组织考核评价体系以及教学科研等。这些环节都有企业师傅的直接参与，他们有着丰富的经验，也有着非常专业的技术知识，他们了解企业需要什么素质的人，企业应该怎样培训和培养学生。因此，企业师傅是现代学徒制人才实施和培养当中非常重要的一个参与者，直接关系到现代学徒制的成功与否。

其次，企业相关的课程教学和技能培训与师傅密切相关。现代学徒制主要教学方式是以"学校课堂教育和岗位师带徒技能培训"两者相结合的方式，一般是第一年学习理论知识，从二年级开始就进入企业进行实训，由企业选择一些精通业务的师傅指导学生，进入生产一线操作学习；在二年级的基础上，三年级的学生继续顶岗实习，在师傅指导下提高业务水平；学生即将毕业的时候，根据校企双方的考核制度，只要考核合格就可以直接上岗工作。学生通过具体的实践操作完全可以掌握一些业务的操作技巧，这些都得益于师傅的指导，并且有可能在最短的时间掌握行业最前沿的技术。一些技术性较强的行业，除最基本的专业知识外，还有一些知识和技能只能通过生产一线的不断实践才能总结出来，而位于生产一线的师傅恰恰最了解。因此，学徒只有跟着师傅才能慢慢了解这些专业知识和技能。在进行现代学徒制试点单位中，企业师傅同样在实习课程教学与技能培训发挥着主导作用，作为现代学徒制的直接参与者，直接推动教学和培训的进行。

最后，师傅直接影响学生职业道德和职业素质养成。在现代学徒制人才培养中，师傅位于生产一线，指导学徒学习有用的专业知识和技能，这些都是面对面的交流和学习，使学生受益匪浅；与此同时，师傅多年如一日地钻研一门技术，其对技术的刻苦钻研、敬业的精神都会让学徒深刻地感受到，尤其是师傅的职业道德、职业素质和职业素养会感染到每一位学徒，这就是现代学徒制的精髓所在。

教师素质提高必须建立在双方共同的合作规则之中，且这种规则要共同遵守和维护。第一，选择师傅的标准，要依据校企联合相关的学历标准、专业素质、业务素质、职业道德等方面进行评价，师傅必须是企业生产一线的技术骨干；第二，对于选中的师傅，企业要给予政策的优惠和时间的保证，要让其有足够精力处理专业业务和传授知识；第三，师傅要根据学校的相关规定，把生产一线的知识经验传授给学生，需要学习一些理论知识，既要让学生容易理解，还要让学生迅速掌握，要做到因人施教、因业施训。师傅的一线生产技术肯定是比较优秀的，但是其教学时并不一定保证学生能听懂，学校有义务让师傅了解学生，了解学校，了解育人的环境，这样才能制订切实有效的培养方案。不一样的环境，不一样的方式，企业师傅会有许多不适应，尤其是一对多授课时，可能会面临许多问题，因此，师傅要充分了解集体授课的基本要求，提高对学生的管理能力。

互惠双赢是现代学徒制合作双方的基本原则，学校既能培养出更多的优秀人才，还能解决就业压力；企业能寻找到自己培养的人才直接上岗工作，不用再次培训和学习，可以节省不少资金，为经济发展做出更多的贡献。生产一线的师傅把自己的经验传授给即将工作的学生或学徒，可以为学生或学徒将来工作打下一定的基础，还能传承思想高尚、素质全面、业务过硬的工匠精神。严把师傅考核任用关，提高企业师傅的综合素质，必将有利于应用本科院校现代学徒制的发展。

总之，从现代学徒制人才培养模式的构建和教学应用模式的革新两方面进行积极探索，可以为应用型本科院校现代学徒制人才培养模式提供新的借鉴思路和路径。

第三节　现代学徒制改革的全方位影响

一、现代学徒制实现了"校、企、师、徒"四方共赢的培养模式

目前，现代学徒制试点单位注重校企合作以及人才培养模式的创新。在培养人才的目标方面，把市场竞争力作为人才考核的重点，把培训专业的隐性知识和显性知识，包括职业道德的树立等都纳入培养方案当中，注重培养应用型、复合型、一专多能的高素质人才。

（一）实现高等性和职业性的契合

应用技术院校提供了较为完整的实践教育方式，培养学生形成良好的思维能力和道德修养。然而，在实际的培训操作中仍存在许多薄弱环节，如行业企业一线师傅较少，相对应的实验室、模拟车间、仿真设施等落后或数量不能满足学生需求等。应用技术院校要注重企业在培训中的作用，让行业一线、制造工厂成为课堂的外延，让行业专家走进课堂，以此解决面临的问题。现代学徒制能够实现高等性和职业性的契合，让两者的优势都能发挥得淋漓尽致。应用技术院校的学生能够近距离接触、观察行业一线的先进设施，浸入式地体验参与生产的操作流程，让学生可以提早一步适应行业的生态环境，真实地完成实践操作的目的，培训效率也将大大提高。

（二）企业用人需求实现定制化

在现代学徒制的教学模式中，应用技术院校联合行业企业一起制订并完善专业人才培训方案，学生毕业后就能有机会进入企业工作，大大提高了学生就业率。由于行业企业具备一定的制定专业标准的实力，因此也更了解学生的培养目标。据此，可以在制订人才培训计划时参与其中，与学校一起完善方案。在这样的良性循环下，学生适应工作环境所需要的时间更少，需要的额外培训成本更低，总体能够更加高效地学习。在相关政策

引导下,那些和行业企业签署合同的应用型院校,都有经验丰富的师傅指导教学,还可以对专业实践起到监管督促的作用,在这样的环境下学成毕业的学徒能够更好地为企业所用。

(三) 校企双方师资实现教学相长

首先,应用技术院校的教师能够定期到行业公司一线岗位,更新自己的知识,还能和企业的岗位人员互相沟通,减少自己的技术短板。在现代学徒制人才培养模式当中,有相关政策合同的保障,往往能让学校的教师和企业内的师傅有长效的沟通渠道,共同讨论专业操作中遇到的难点。其次,现代学徒制的应用型教学模式允许师徒在某固定的操作空间共处,两者相辅相成,有什么困难、问题都可以马上发现、解决,从而打破传统课堂教学中疑问滞后的问题。在这样的背景下,学生还可以获得更多的成就感,真实地体会到成长的快乐,这就自然而然地提升了学生的进取心和学习的欲望。此外,不同于传统师徒手口相传的教学手段,师傅和多名学生面对面地共处,集思广益、发散思维,可以让创新的种子在现代学徒制的教学中生根发芽,实现教学相长。

(四) 学生实现毕业即就业的成长前景

当下,应用技术院校施行现代学徒制,能让其教育对象得到远胜于以往的好处。首先,基于现代学徒制校企合作的特点,学生可以在校期间就到行业企业一线实际操作,毕业后求职时就能拥有工作经验,而且这样的学生不仅具备隐性知识,同时还有显性知识的熏陶培养。课堂里的理论教学能够提高其修养,而行业操作的实践可以磨砺学徒专业技术,了解行业对本专业的要求,这就使得学生早一步转换自己的角色,脱离了职场新人的稚气。其次,应用型技术人才培养的方法十分多变,可调控性强。主要围绕隐性知识与显性知识相结合的培养理念,对培养主体进行循循善诱的技能培养,这就使得学生不仅是执行操作的生产者,而且摆脱了以往填鸭式的灌输教育,使学生自发地学习、钻研技术,而这正是职场必备的技能之一。最后,由于有相关政策和合同的保障,学生能得到岗位津贴和补助,这大大增强了其工作的主观能动性和成就感。

二、现代学徒制发展对职业教育课程改革具有重大的启示

(一) 学徒制的演变对现代学校教学内容的启示

早期的人才培养是由人类原始劳作得来的,这是一种手口相传、直截了当的学习方法。随后,有了师傅带领徒弟进行技能学习的方法。接下来,就是应用型技术人才培养机构和学校对学生进行系统化的训练。最后,逐渐演变成当下的现代学徒制人才培养模式,可谓经历了漫长而又剧烈的嬗变。在学校教学中,教师往往只重视对理论知识的介绍,而忽略对技术知识的介绍。理论知识是课堂教学的重点,所有的生产和学习都必须有理论知识做铺垫,但是技术性知识的介绍也同样重要。因此,课堂教学要把两者放在同等重要的位置,并且融会贯通,不能让它们变成"两张皮"。

工作过程中的隐性知识,指的是应用型职业教育里手把手传授的非显性知识,也可以看作实践活动所得到的知识。这样的隐性知识对专业技术及科技领域都大有裨益。例如,专业的文化和内涵、达成目标的意志力、难以用语言描述的经验方法、专心致志的敬业精神等,这些都无法和显性的理论知识相比,不能够用书本教授,无法直接通过语言将知识传递给学生。隐性知识恰恰是学生自身在不断探索、钻研专业技术的过程中,慢慢揣摩、实践、体会,并且与志同道合者进行探讨才能获得。这种知识适用于应用型教育模式下的专业老师在实践中教导学生,尤其是当下,几乎所有的高等学校都涉及与专业技术有关的教育教学,然而技术领域内非显性知识的内容还是和学生隔着一堵厚重的墙,不易获得。如果学生服从老师的指挥,并且暗自努力,专业技术的初学者也可以渐渐地学到真本领,甚至超过老师,收获更多的知识技能。因此,隐性知识需要长期仔细观察、模仿其他专业技术能手,在潜移默化中才可以习得。

这两类知识的培养可以称作工作过程知识的获得。但是,只有把显性知识和隐性知识相结合,用实际操作生产中的方法和思路去学习知识,才能真正累积实践经验。在现代学徒制人才培养模式当中,教学和实践不分家,两者融会贯通,相辅相成,让项目进课堂,让教学到现场,把实践生产操作过程运用到学习当中。此外,由于应用型技术专业独有的特点,其

教学方法和课堂内容安排都与普通专业不同，教学模式的路径构建应该有其自身的独特要求和特点。

（二）现代学徒制教学方法的选择

为了提高教学质量和效果，现代学徒制必须选择适合当前社会、企业发展需要，教师、师傅和学生参与其中的教学方法。

1. 项目教学法

项目教学法是指通过师生之间的通力合作，完成相对庞大的数量或规模的工作或项目任务的一种教学方式。它的特征是：该项目活动可以运用到现阶段的一些学习内容，是有一定的教学价值的；能将教师教学过程中涉及的一个专题或课题的理论知识与实践活动能力相结合；与企业前期的策划方案和后期营销工作有必要的直接联系；在活动过程中学生完全有足够的时间合理安排符合自身的工作方法；形成详细的成果展示或汇报；在结束时，由教师和学生共同分享和讨论活动的成果。

2. "引导文"教学法

"引导文"教学法，其目的就是提高学生的自身学习能力和检验当前的学习成果。"引导文"的任务是使学生建立起知识与实践能力的关系，通过教师的指导，让学生对现阶段需要了解的知识和需要培养的技能有更加明确的认识。"引导文"教学法的特征是：教师带领学生通过引导课文中的问题进行自我锻炼的探究式学习，掌握实用的专业知识技能，从引导课文中探究建立切合实际的有关知识框架。"引导文"成为学生获取信息的一条新渠道，其中融入了学生的思考，使学生的能力尤其是应变能力有所提高。此教学法的出发点是为了更好地培养学生独立解决问题的能力，虽然在这个过程中枯燥无味而且耗费时间较长，但可以培养学生自主学习探究的积极性。

三、现代学徒制模式的实践价值

（一）学校和专业的影响力切实得到提升

现代学徒制的教学模式，决定了企业和学校之间具有密不可分的关系。为了能够取得最佳实效，与那些有影响力、知名企业的合作，是学校长期以来努力的目标。因为这些企业本身的影响力足以吸引更多的优质生源到学校学习，而学校也乐意输出更多企业所需要的技能型人才。这样，学校实现了招生和就业的双赢发展。由于品牌特色专业的打造离不开优质生源的支持，而这种方式无疑借助企业和学校之间的合作提升了学校的影响力，这样就为打造专业品牌奠定了坚实的基底。

（二）专业人才的培养质量大大改善

在现代学徒制教学模式中，学生的适应能力不断增强，由于要不断到企业中顶岗实习，就会增加与人打交道的机会，这样，学生的社交能力也在不知不觉中有所提高。实际生产操作会面临很多的特殊情况，学校中的仿真实验室等的设置，虽然在一定程度上提升了学生的实践能力，但也不可能做到与现实环境一模一样。而学生一旦进入企业的工作状态，就会面临许多实际问题，不努力提升职业水平和能力素养，很难在企业内站稳脚跟。这在一定程度上刺激学生以更加认真的态度投入到学习过程中，从而推动学生不断进步，提高专业人才的培养质量。

（三）校企双方减少实际投入

现代学徒制带来的实际好处还有学校和企业各自的投入得到相应程度的减少。这在设备设施的使用上表现得最为突出。现代学徒制的推行，节省了学校另外采购设备所需要的费用。同时，针对有些设备学校可能存在买不到或买不起的情况，现代学徒制的施行帮助其避免或者减少了这种状况的发生。另外，从人员配备方面讲，鉴于现代学徒制教学模式的运行，学生在企业学习过程中，既不作为实习生身份存在，也非企业的正式员工，企业只需要支付学生的意外伤害保险就行了，这为企业节省了支出，间接创造了利润。

（四）培养的人才符合企业的需求

现代学徒制的推行，使校企真正实现合作，对出现的问题提出具体的解决方案，对学生和学徒这两个截然不同的身份进行双标准的体制管理，对课堂教学内容实现有建设性的安排和规划，不断研究、更新最前沿的科学理念和方法，依据行业企业的标准来制定评估体系。这样培养出来的学生就会有足够强的专业知识和专业技能，能满足行业、企业和社会的实际需求。

第三章

高职教育现代学徒制的制度构建

第一节 学校层面的制度构建

一种制度只有当其能够帮助行动者实现目标时,它才被认为是有意义的。对于现代学徒制而言,学徒选拔制度是我国现代学徒制构建的起始点。

一、明确的学徒选拔制度:现代学徒制的起点

(一)学徒选拔制度设计是现代学徒制构建的起点

进入选拔程序是获得学徒资格和从学校到工作岗位的第一步。虽然这并不意味着一个人真的成功了,但它确实提供了一个机会,在后续的选择阶段,可以作为一个合适的候选人。因此,明确的学徒选拔制度是这一过程有序推进的关键,也是现代学徒制度构建的起点。就目前试点而言,学徒的选拔方式存在着不同的形式。

1. 借助高考制度进行选拔

即通过企业提出学徒需求量,由学校向教育主管部门申报招生指标,

对外发布招生信息，直至录取。这种方式的好处在于，可以统一招录，并通过高考制度进行选拔，公平性、公开性较高。但也存在弊端，首先，从选拔过程来看，由企业提供学徒岗位需求信息直至学徒录用，其间至少经历半年的时间，在这期间，企业所提供的学徒岗位有可能发生变动，给学徒后续的培养带来不确定性。其次，从选拔路径来看，通过高考制度的选拔，主要评判的依据是学徒的文化成绩，至于学徒的动手能力以及个人品行等并不能直观地显现出来，这在一定程度上形成了后期学徒不适应企业生活、企业不满意学徒表现等问题。

2. 从已录取的新生中选拔

在试点初期，尤其是首批试点单位中多采用这种选拔方式。因为试点单位名单发布时，在时间节点上已错过了高考录取的时间，大部分单位都从已就读的学生中选拔，企业参与选拔过程，与学徒面对面进行交流，并参照之前的在校成绩（包括理论课、实践课）综合考虑，可以选拔出企业想要的人。当然，这一方式也存在不足。首先，企业直接选拔，需要企业和学校投入大量的时间和精力，往往选拔数量有限。其次，这种选拔受专业限制影响明显。由于在校生是以专业为单位进行录取的，而既有的专业设置可能与企业岗位并不匹配，进而在试点中出现了企业招不到人的现象。更为重要的是，由于受生产规模影响，合作企业提供的学徒岗位有限，每个企业可能只提供有限数量的学徒岗位，进而出现了在一个行政班中，既有入选的学徒，也有未入选的学生，这给教师的教学工作带来较大影响。很多学校的做法是，按教学班授课，即将同一专业不同行政班中被选中的学徒独立组班教学，而未入选学生进行重新组班，并在课程、师资和教学资源上进行重新匹配，这又对学校的教学管理和协调能力提出了较大的挑战。

3. 借助实习制度进行学徒选拔

试点意见和试点方案中并未明确要求各试点单位一定要在新生中选拔学徒，因此，很多学校在具体实践中，将学徒选拔与实习工作相结合，将学徒期套嵌在实习期内，在试点专业中出现了整班是学徒的现象。这样做的优势是便于管理，尤其是在教学进度的对接上，存在明显优势。因为在学校的教学进程中，实习期基本不安排校内授课任务，大部分时间要求学生在企业接受培训。这样一来，企业培训在时间安排上要相对充裕得多。不过，这也带来了一些问题。首先，将学徒期和实习期同样对待，模糊了学徒和实习生的概念和本质区别，就连企业师傅也认为来到他身边的并不是学徒，而是实习生，他们在实习期结束后是会离开的。其次，将学徒期和实习期同样对待，缺失了前期交替培养的过程，致使学徒进入企业后，并不能很快接受并适应企业的生活。

（二）学徒选拔制度构建

基于上述选拔方式的梳理，笔者认为，学徒选拔在制度设计上应兼顾三者的优势，应在高考选拔的基础上，合理设置企业面试环节，并综合考虑工作本位学习和校本学习的交替时间。为避免这一过程中的诸多不确定性，应着力从以下几个方面进行制度设计。

1. 制定学徒岗位认定标准，确定学徒需求数量和所提供岗位质量

学徒选拔要解决好需求与供给关系，否则再好的制度设计都是无意义的。选择过程与劳动力市场的选择过程非常相似，而且可能更广泛，涉及多个阶段。在正式选拔学徒之前，亦即早期选择阶段，应对提供学徒培训岗位的企业进行严格筛选，对其是否有能力提供学徒培训岗位进行判断。个别企业参与现代学徒制的目的并不是培训学徒，而是为了获得政府的补贴。这些企业的典型特征在于，企业自身并没有学徒可以训练的岗位，其通常做法是借助第三方为学徒提供培训，而其本身充其量是一个中介机构，这不能不引起当地政府部门的注意。这些无资质而又表现很积极的企业对学徒参与积极性造成的伤害是难以弥补的，因此，在正式选拔学徒之前，对处于学徒岗位信息筛选的开放阶段，学校的选择制度中需对企业培训资质作明确要求。

2. 制定明确的学徒选拔标准

有效的学徒选拔必须有企业的参与，因为毕竟学徒要以准员工的身份进入企业。因此，什么样的人可以进入企业，未来的雇主应该有发言权。当然，这种权利的行使不是选拔现场的临时发挥，而是以一种公告形式提前告知备选学徒。这样，一方面可以让备选人有提前努力的方向，另一

面也节省企业的投入，因为并不是每个人都符合标准，明确的学徒标准制定实有必要。

3. 制定详细的选拔程序

在进入学徒正式选拔阶段，应有明确的正式选拔程序。对于一般企业而言，通常使用多个渠道选拔他们未来的员工。最常见的正式招聘渠道是在招聘网站上刊登招聘广告，也有的在自己企业网站上公布招聘信息。但对于参与现代学徒制的企业而言，学徒选拔并不只意味着选择未来员工，还意味着选拔未来的培养对象。因而，这一过程应该比一般的单纯招聘更正式。不过，选拔程序的正式程度和复杂性往往受企业规模影响。与规模较小的企业相比，提供学徒岗位的大企业在选拔新学徒的过程中，往往在优化选拔过程方面投入更多，程序更为全面，有助于他们更有效地完成选拔任务。而从学校角度来看，学校作为公共服务部门，其行为对监管机构和公众的影响更大，必须对（潜在的）学生公平对待，在学徒的选拔过程中，学校应秉承公平、公正原则，严格规范选拔程序。因此，明确的选拔制度设计应附有更详细的选拔程序。

总而言之，一项好的学徒选拔制度应包含学徒岗位认定标准、学徒选拔标准和详细的学徒选拔程序。

二、灵活的课程制度：现代学徒制运行的重要保障

现代学徒制是一种制度体系，其主要特征是学校与企业联合协同育人。然而，学校与企业的合作并不通畅，无论是计划安排还是双方的策略选择都存在差异。正是这些差异的存在需要双方都作出改变，而具体到学校，需要改变的是如何与合作企业进行对接。

（一）校企灵活对接是现代学徒制运行的重要保障

企业对于学生在学校所学一直以来都持怀疑态度，其中也包括学校本位的培训。当然，这并不是因为学校本位学习获得的培训证书比不上那些通过工作场所培训获得的证书。企业持这种态度是基于以下事实，即和工作本位的培训相比，参加全日制学校学习的学生社会化程度不够，不太容易融入工作环境和企业文化中，但具备那些只参加工作场所培训的人员所

不具备的学习潜力。这是因为企业提供的培训有时必须依附于生产的要求，而不是依附于培训的要求。在全日制学校培训中却没有创造利润的要求，这就意味着这里的培训可以从有助于学生学习的角度出发来进行计划。再进一步，学校本位的培训计划是以每个学生的学习需求为基础的。然而，对于工作场所培训而言，这样的选择是不可能的，因为对生产的诉求远远高于对学习的要求。在学校本位的学习空间里，学校有大量时间向学生介绍行业程序和规范，让他们学习与实践技能发展相关的理论知识，学生也有思考和犯错误的空间和余地，这一点对那些年龄小、比较脆弱的学生来说较为重要。他们可以经过一两年的学校培训培养出一种职业自信，然后再到一个实习岗位上完成自己的全部培训课程。另外，在学校培训中，学生既要参加类似于真实生产过程的模拟训练，也要参加过程设计的训练和学习。在真实工作场所培训的情况下，几乎不会有时间或机会来做这样的事情。

尽管学校本位职业与培训具备这些优点，但也并不足以完全取代工作本位培训。首先，在学校里，学生是和学生一起学习，而在工作场所，学生是和一些经验丰富的同事共事，学校里的学生不能和在工作场所培训一样建立相同的社会技能；其次，学校本位的培训不能让学生有机会养成良好的工作纪律和工作节奏，而工作场所培训却能够实现这些目标；再次，只参加学校培训的学生与客户打交道的机会有限；最后，与学校本位培训相比，接受工作场所培训的学生通过真实产品的生产和服务的提供能提升价值意识，激发其学习的动力。因此，工作场所培训对于学生的发展意义重大。从这一点来讲，试点中强调学校和企业对学徒培养交替进行就显得很有必要。

在正常的教学时间内，如果学生进入企业，会影响校内课程的正常实施，因此，学校可以选择在没有课程学习任务的假期进入企业接受训练。这也从另一个侧面反映出，学校为了实现与企业联合育人的目标，在实际行动上采取的灵活做法。且不论假期接受训练的效果如何，但就这种与企业灵活对接的精神就值得称道。如果没有这种灵活的对接方式，在传统课程模式下，学徒训练很难得到保障。当然，现代学徒制的成功构建不可能要求所有的学徒都在假期去企业接受训练，还是需要通过相应的规则设置和行动调整，形成一种长效的机制。笔者认为，在学校层面进行灵活的课程制度设计，是破解学校与企业计划安排不一致问题的有益尝试，也是现代学徒制顺利运行的重要保证。

（二）灵活的课程制度建构

将正式的学徒制融入职业教育体系是现代学徒制的基本特征。现代学徒制的主要目的是为学生提供专科及以上学历，并帮助学生从教育顺利过渡到劳动力市场。但在现有学校教学体制下，企业或学徒个人想在培训项目中改变途径的选择是有限的，因为学校学习课程缺乏灵活性，学徒需要在预定的时间内返回学校接受课程学习，这给培训企业的工作任务安排留下了很少的空间。基于此，对接企业培训进程，学校灵活设置课程，有望破解这一困境。

现代学徒制的实施对学校教学产生了直接影响，其中给一线教师感受最深的就是，以往统一的课程授课往往受到学校与企业之间工学交替的影响。一些教师提出，可以在原有课程架构的基础上，对课程进行模块化处理，即在模块化的基础上开发职业课程。根据职业能力发展需要将课程重新组织成若干模块，在学徒培训中，根据培训进度由学徒自行选择。这种带有个性化色彩的课程设置，便于学徒根据企业培训进程进行选择，而且在技术操作上是可以实现的。对于学徒而言，学校课程设置分为两类，一类是必修课，另一类是选修课。进修课的设置可使课程更具个性化，既能适应企业的利益，又能适应个别学徒的需求。但需要指出的是，课程模块化不是将课程简单地拆解，而是对课程体系中的课程内容进行重新提炼，形成相对闭合的内在结构。简单地说，一个模块应该对应着相应的能力点，每个能力点内含相互关联的技能、知识以及应有的态度要求。

这样一来，对学校的教学管理和任课教师提出了新的挑战。第一，对于专业课教师而言，将原本的必修课纳入选修课，似乎是对该课程地位的一种弱化。因为在一线教学中，选修课通常被归为考查课一类，不需要进行正式的考试，而不考试往往意味着不会引起学生的重视，不会引起学生的重视就意味着课程地位下降。也正是在这样的逻辑下，对于如何考核的问题一直争执不下。第二，对教师的真正挑战在于这些课程如何开发和实施。首先，关于如何开发的问题，需要解决的是根据什么来开发。这就涉及课程开发的标准问题，对于这个问题绝不能仅限于学校层面，否则，有可能将课程内容窄化为某一企业或地方特有技能，对于学生未来就业大为不利。因此，从国家层面进行教学专业标准的开发就显得很有必要。其次，关于如何实施的问题。这一问题的核心在于，如何在合适的时间内、选择合适的地点对学生进行集中授课的问题。这需要一份详细的课程目录单，内含详细的开课时间和授课地点。这份目录单应在学徒进企业之前让其周知，并允许其预先选择课程。为了满足学习需要，有些模块课程可能需要重复开设，而且课程开设不应限制最低人数，否则，有些课程会因为选课人数太少而被取消。这是不合理的，学生之所以选择这一模块课程，是因为在企业培训中遇到了难以解决的问题，亟须通过这一模块的学习来化解难题。这就需要从学校层面进行相关制度的设计。

总体而言，学校层面灵活的课程制度安排至少应包含以下几方面的内容：一是制定国家层面模块课程的开发标准；二是建立并完善激励制度引导教师开发；三是在规则设置上模糊选修课和必修课的区分，强调选修课的地位；四是对于开设模块课程的教师，在工作量的认定和评级方面，应有所倾斜。否则，模块课程难以维系，学校和企业间的合作又会回到从前，现代学徒制有效运行难以保障。

三、有效的学徒管理：现代学徒制的内在要求

现代学徒制试点不仅给学校教学带来了挑战，对学徒管理也提出了更高的要求。如果管理到位，试点中就不会出现学徒不辞而别的现象，也不会出现不按流程办理离任手续的问题。笔者认为，问题的关键在于学徒培养过程中，学校与企业要在学徒管理方面建立必要的联系。现代学徒制不同于以往的学生实习，学徒也不是以往的实习生。这一点对于试点专业的教师可能比较清楚，但对于专门负责学校学生事务管理的工作人员（如辅导员）而言，可能并不十分熟悉其中的差别。学徒与实习生最大的差别在于，前者是企业的准员工，与企业之间签有协议，在享有协议赋予的权利

的同时，也承载了更多的责任和义务，其中就包括严格遵守企业规章制度。再者，由于学徒是准员工身份，企业会相应投入更多的人力、物力。而对于实习生而言，虽与企业签有实习协议，但企业对实习生的承诺与预期远不及学徒。因此，对于学徒管理者而言，在学徒进入企业之前应对这些内容有所了解和掌握。为了实现现代学徒制的有效管理，相关制度设计尤为重要。

（一）校内导师制

为了便于管理，很多学校将学徒管理工作分解到班级，即遴选专业教师担任班主任，由其负责管理。但在运行中发现，即使由专业教师担任班主任解决了专业对接的问题，但一个班级的学徒也常常分散到不同企业。为了解决这一问题，学徒的管理工作要进一步细化，按学徒人数配备校内导师（通常一位导师管理二到五人不等，根据学校师资而定），校内导师既承担教学工作，也兼具管理者角色。至此，学徒管理的层级结构已很明显，与普通的学生管理相比，管理层级更细。即便如此，在日常管理中，校内导师并不是全职管理者，需承担教学任务，有可能会因为本职工作而错过了对突发事件的处理。这类突发事件包括学徒与雇主或同事的冲突、突然离职等。这些问题都涉及一个问题，即现代学徒制如何有效管理。为了加强管理，很多学校和企业在校级层面共同组建专门的部门，由专人负责联络，并制定了定期会晤的制度。这些内容安排对试点工作确实起到了促进作用。但是，这些安排并不是日常性的，相应的管理活动都是定期的，其目的在于学校和企业间就双方合作中遇到的问题进行协调，对于较为微观层面的学徒管理、突发事件的处理并不过多涉及。而微观层面的管理与个人更为接近，如果处理不好极可能造成人员伤害。

（二）学徒信息互通制度

学徒管理中最棘手问题的是，企业不知道学徒的过去，学校不知道学生的当下。具体来讲，企业对于来接受培训的学徒知之甚少，尤其是学徒的过去，比如在入学前获得过什么荣誉，有什么爱好，是否受过处分，家庭和健康状况怎样等。这些对于企业较为重要。但这些信息，学校一般不会主动提供。对于学校而言，学徒在企业表现如何，是否能适应企业的生

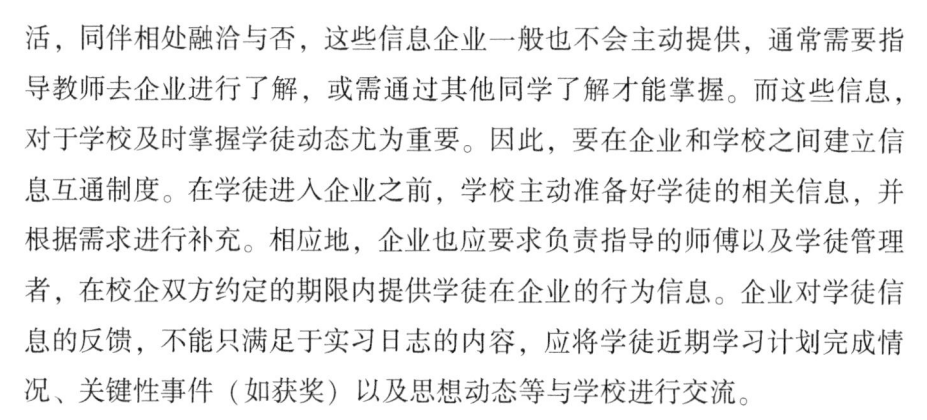

活，同伴相处融洽与否，这些信息企业一般也不会主动提供，通常需要指导教师去企业进行了解，或需通过其他同学了解才能掌握。而这些信息，对于学校及时掌握学徒动态尤为重要。因此，要在企业和学校之间建立信息互通制度。在学徒进入企业之前，学校主动准备好学徒的相关信息，并根据需求进行补充。相应地，企业也应要求负责指导的师傅以及学徒管理者，在校企双方约定的期限内提供学徒在企业的行为信息。企业对学徒信息的反馈，不能只满足于实习日志的内容，应将学徒近期学习计划完成情况、关键性事件（如获奖）以及思想动态等与学校进行交流。

（三）强调企业的过程管理

学徒的有效培养离不开企业的大力参与，但从调查反馈的信息来看，很多企业并不知道如何培养学徒，对于学徒的培养仍然停留在师傅的遴选阶段。学徒的有效培养不仅需要师傅参与，还需要班组的共同努力和对学徒的过程管理，因此，可将学徒的管理过程与培养过程交替进行，分为四个阶段。首先，在入徒阶段，主要是了解学徒信息、明确培训目标，管理任务主要涉及两方面内容：一是把握学徒心理动态；二是增进学徒对培训的了解，提升学徒的适应度。其次，在培训阶段，管理任务主要涉及两方面内容：一是确定学徒接受程度，及时调整培训内容；二是及时发现行为偏差并与校方沟通。再次，班组中期谈话阶段，管理任务主要为：一是总结学徒目前取得成果；二是发掘学徒发展需要和培训不足，及时调整。最后，在期满考核阶段，管理任务主要为：结果反馈激发学徒参与积极性；发现问题，及时补救。在这一过程中，学徒管理是一个连贯的过程，并在不同的阶段形成不同的记录。例如，在入徒阶段形成"学徒谈话记录"，培训阶段形成"学徒观察记录"，期满考核阶段形成"期满考核记录"。这些内容既是学徒的学习记录，也是对学徒培养的过程管理，记录了学徒的成长经历。

（四）学徒管理中要充分发挥同伴作用

这里的同伴，一是指一起进入企业的同学，二是往届进入企业的毕业生。试点中，很多学徒在遇到问题时并不愿意与企业师傅交流，而更愿意与年龄相差不大的师兄和师姐说，所以在企业中出现了"小师傅制"，即在正式师傅指导之余，日常的管理由往届毕业生负责。在当前现代学徒管理制度还不尽完善的情况下，这不失为一种有益的尝试。

（五）校企共建突发事件处理预案制度

校企双方应建立突发事件处理预案，并附有详细的处理流程和相应的责任联系人。如遇到问题，马上联系相关责任人，并及时处理和解决。

综上可见，对学徒的有效管理，一方面是现代学徒制有序运行的内在要求，另一方面也是对学徒培养质量的极大促进。对现代学徒制而言，最好的管理就是对培养过程的管理。

第二节 区域层面的制度构建

学校层面的制度建构主要着眼于学校和企业互动过程中双方行为的约束和关系的协调，重点在于具体实践层面的互动。但是，只从学校层面进行制度构建并不能解决试点中的所有问题，包括企业之间互动、激励企业参与等问题。这些问题已超出了学校的能力边界，需要从更高层面进行协调。同时，这些问题虽有代表性，但并不具有完全的普遍性，其在区域层面通过制度设计就可以解决了。因此，从区域层面进行相关制度的构建成为必要。

一、区域审查制度：质量控制的重要抓手

学徒培养质量是现代学徒制成功的关键，任何时候、任何层面强调学徒培养质量的问题都不为过，凡是对质量提升有益的举措都应积极争取，其中就包括区域层面对学徒培养质量提升所做出的努力。当然，区域层面对于学徒培养质量的促进不同于学校层面，学校层面重在内部的运行，包括上面提到的学徒选拔、企业资质审查、课程匹配以及学徒管理等内容。而区域层面更强调对学徒培养过程中相关行动主体之间的行为和关系的调节，更强调过程的控制，具有一定的灵活性，这是由试点中出现的实际情

况所决定的。这样做的优势，便于区域层面整合当地资源，发展本地知识网络，建立本地对技能的需求，以及（可能的）解决技能运用的问题，以避免本地人才浪费，使技能供应更符合本地需求。同时，也为本地利益相关者提供策略指引，使其根据本地劳动市场需求调整政策，使学徒培养更适应个人和企业的需求，并在它们之间创建连接的路径。因此，地方政府可以通过不同企业的目标需求，建立地方伙伴关系，共同推进合作育人，以满足当地劳动力市场的需要。地方伙伴关系的一个重要特征是建立城市公共培训中心。公共培训中心由学校、行业企业和合同伙伴共同经营，服务于特定行业（如机械加工）。目前，这样的培训中心在江苏太仓、四川蒲江以及浙江等地都已设立，并运行良好。

为进一步发展现代学徒制，建立健全区域审查制度是必要的。第一，对学徒培养质量的审查需要从区域层面展开。试点中，企业和学校被要求合作开发教学标准、课程标准，这样一来，原有的标准框架和内容被打破，其中突出的表现就是增加了企业比较重视的技能要求。这样，在汇集的标准中出现了同一个专业、两套独立技能标准的现象：一套是基于学校的部分，另一套是基于工作的部分。这可能会导致两个问题：一是同一专业，工作本位技能标准和学校本位技能要求相互重叠或冲突；二是同一职业中，不同试点单位提供的技能要求（包括各自的工作本位技能要求和学校本位技能要求）可能相互重叠或冲突。这对于学徒培养质量的保证，企业与企业之间的文凭承认，以及企业与企业之间的未来员工流动都会造成不小的影响。为了杜绝此类现象，应在区域层面对制定的相关标准进行审查。目前这一环节主要集中在试点项目申报过程中，由项目审批部门或组织专家对相关内容进行审核，而对于真正实施过程中的具体内容并无审查。第二，区域审查促成整个地区学徒培养的有效供应。基于学校的技能标准和基于工作的技能标准之间的协调是可取的，因为两者都适用于同一个学徒培训轨道。因此，区域层面应该制定一个详细的程序，在这一程序中，两种制度相互发展和适应。通过审查能促进学徒培养的更加专业化，支持技能和知识的高水平发展。

学徒培训质量是现代学徒制成功的关键，低质量的培训对利益相关方都没有好处。区域层面审查制度构建不仅强调对学徒培养质量的监督和管理，也使利益相关方作出有利于学徒培养和学徒制发展的保证。

二、企业间协商制度：保证地方经济协调发展的有效路径

企业之间建立协商制度，在具体制度的设计上应关注以下几点。首先，企业间协商应以行业协商为参照系，由企业根据行业发展需要和本区域实际共同确定各企业可接受的学徒工资统一标准，包括学徒期内的工资、毕业后进入企业后的增长幅度及支付方式。这样做的好处，一方面能激发学徒的参与积极性，另一方面能在很大程度上遏制外部"挖人"行为的发生。因为根据原来的约定，本行业中学徒的工资是统一的，如果有企业想通过提高工资的方式"不劳而获"，必然会受到来自同行的压力。其次，企业间的具体协商内容除学徒工资标准之外，还应涉及生活保障、劳动安全以及协议（或合同）履行过程中的监督问题。最后，企业间协商制度的建立还需区分层次性，即区域层面应设立最低标准，具体行业标准由行业内企业确定，但不能低于区域标准。

在现代学徒制建立过程中，地方政府（包括省、市）在制度建构中发挥着重要作用。一方面，地方政府对学校负责，并通过不同层级教育管理部门之间的密切合作履行责任；另一方面，地方政府引导学校与企业合作，并为公共教育培训买单。在这一过程中，各企业间协商制度的建立至关重要。一方面，对于相对弱势的学徒群体的利益维护而言，需要通过行业内企业间的协商确定学徒工资、劳动安全及生活保障等一系列问题；另一方面，企业间对学徒培训的参与行为需要通过协商来规范。因为任何由企业提供的结构化培训体系，都可能带来可转移技能，这就要求企业与企业之间进行全面协商，达成共识，并对彼此参与行为进行监督，以遏制"偷猎"行为的发生。简言之，企业间协商制度的建构是保证地方经济协调发展的有效路径。

三、积极稳妥的财政政策：激励企业有序参与的重要手段

国际经验表明，现代学徒制是发展劳动力技能和使年轻人从学校顺利

过渡到工作的一种具有成本效益的方法。我国政府通过一系列财政激励措施来促进现代学徒制的发展。就目前来看,这些激励多是一般公共开支资助的财政奖励。

对于一些企业而言,无论相关的激励措施如何,企业都会资助学徒培训,而财政激励可能会成功地吸引那些对补贴感兴趣的企业。因为现代学徒制作为一种制度的有效性,在很大程度上取决于企业寻求从培养训练有素、生产率高的员工中获得好处,这些企业致力于高质量的学徒培训,认为这样做符合自己的利益。政府为现代学徒制提供的财政激励的效果取决于资金的使用方式,如税收减免或具体补贴。地方政府以政策工具为手段进行适度经费支持,旨在调动企业积极性,吸引企业参与。从区域层面的经验来看,有些省份按接受学徒的数量对企业进行补贴。

财政补贴是激励企业参与现代学徒制的重要手段,尤其是对现代学徒制新进企业影响更多。区域层面财政激励制度的完善应涉及以下几个方面:一是明确政策适应对象;二是对补贴兑现形式和过程作具体说明;三是对经费的使用范围、报销规范及时效性等内容进行详细规定;四是对不合政策要求的投机行为设置处罚规则。

第三节 国家层面的制度构建

前两节分别从学校层面和区域层面对现代学徒制的构建问题进行了探讨,制度规则体系逐步清晰起来。不过,试点中仍有一些问题,如劳动力市场的协调、学徒资格认证以及师资队伍建设等,需要从国家层面,通过制定相关制度来解决。

一、协调劳动力市场:现代学徒制构建的前提

现代学徒制作为一种能顺利实现教育与工作过渡的人才培养模式,是建立在一系列制度基础上的。根据试点原则,学徒培养需要在不同学习场

所交替进行，学校和企业间建立交替关系是进一步教育和培训的基础，因此，必须重视现代学徒制的过渡劳动市场特点。过渡劳动力市场不仅能创造更多的就业机会，还将改善就业条件，减轻传统经济增长的压力。在大多数情况下，过渡劳动力市场涉及某种形式的收入再分配。就企业而言，通过现代学徒制可以以较低的投入获得未来想要的人，而对于学徒而言，需要通过低工资换取企业的培训。在这一过程中，政府必须为之提供适当的制度框架。

在过渡劳动力市场制度下，现代学徒制必须重视市场监管问题，充分考虑到交易成本、外部性、规模经济和囚徒困境等情况。就交易费用而言，由于需要更详细、更灵活的合同安排，转型期劳动力市场可能会增加这种费用。学徒的升学、中途退出，可能会增加企业的风险，令企业无法从投资中收回成本。

此外，私人合同的执行成本很高，而集体协议或立法能够以较低的成本、规范化的标准进一步提高整体效率。从经济的角度来看，标准化可以被视为从规模经济中收获果实的一种方式。作为过渡劳动力市场的现代学徒制当然意味着就业关系的复杂性和偶然性日益增加。而其中的人为因素带来了成本增加的风险，合同遵守情况变得更加困难，合同条款可能含混不清引起的冲突，不遵守合同造成的损害难以衡量，损害的原因难以确定。因此，新的合同范本应明确规定框架和标准，规定最低标准、程序规则和应享权利等。另外，作为过渡劳动力市场的现代学徒制，虽然现在还没有普遍出现外部挖人现象，但还是要预防可能出现的新形式的囚徒困境，即提供轮岗计划的企业可能会面临"搭便车者"企业挖走训练有素的员工的问题。这意味着需要提供激励（如共同资助现代学徒制计划）和建立完善制度，并进行立法。

可见，一个成功的现代学徒制度包含了比最初想象的更广泛、更复杂的制度结构。现代学徒制必须依靠制度规范，以支持教育、培训与就业之间更大的流动性或两者的临时结合。

二、国家专业教学标准与认证体系：现代学徒制的基础

现代学徒制发展的经验告诉我们，对于学徒最大的激励是对学徒资格的制度化和社会认可。无论学徒的职业是什么，一个完整的学徒生涯都赋予了学徒一个职业身份，并由此获得社会的认可。德国职业教育的发展经验告诉我们，学徒证书是现代学徒制发展的重要保证。对于我国现代学徒制而言，国家层面的专业教学标准和认证体系构造是现代学徒制的基础。

（一）国家专业教学标准开发和认证是体系构造的含义

近年来，国家一再强调要大力提高职业教育的质量，促进职业教育现代化。因此，现代学徒制必须以提高质量为前提，进行专业标准开发和认证体系构造。

目前，现有学徒制框架下，并不是每一个提供学徒培训的企业都具备完备的培训计划和考核标准，学徒培训质量令人担忧。学徒培养过程，尤其是工作场所培训过程是在不公开的状态下进行的，公众对其详细过程知之甚少，就连合作学校的教师及管理者也未必能及时掌握培训过程的具体信息。对学徒进行资格认证是企业进行的事后评估，在学徒培养过程信息不完全为公众所熟识的情况下，不失为一种督促和监督企业提高培训质量的重要手段，能有效避免企业以"学徒制"为名，"滥用"学徒劳动力现象的发生。另外，现代学徒制并不完全是企业的事，合作学校在学徒培养过程中同样发挥着重要作用，与学徒培训质量高低不无关系。在试点中，很多学校缺乏明确的学徒培养目标，在具体实施中将学徒培养与传统意义上的人才培养完全等同，不利于提高学徒的培养质量。因此，为了确保学徒培养质量，需要从更高层面对学徒的教学和培养结果进行认定。

（二）国家专业教学标准与认证体系构建

学徒培养质量是现代学徒制成功与否的关键，也是试点单位面临的重要挑战。而从国家层面建立专业教学标准，以及对学徒培养结果进行系统认证是我国现代学徒制成功构建的基础。如果学徒教育没有标准，其他有关现代学徒制的活动根本无法进行。同时，如果对培养结果没有系统的考核与认证，再好的计划安排也难落到实处。《国家职业教育改革方案》明

确提出，要构建高质量的专业教学标准和认证体系，促进现代学徒制的发展。

国家专业教学标准旨在为学徒培养提供理论知识和实际应用的准则，以补充学徒的培训经历，标准的设计有助于培训标准所界定的校内学习成果与有关工作表现目标互相参照。新标准在实施初期会有一些问题，需要在实施过程中不断完善和提高。而这样的过程需要有一个专门的机构或部门，对其进行跟踪、协调。同时，新标准的实施，需要引入相关资助机制。目前学徒制专业教学标准主要在学校层面，由学校和企业开发，如果没有积极的资助机制，学校和企业无法真正实施国家标准。这里需要强调的是，国家层面专业教学标准的开发需切实考虑到国家统一性和地方灵活性之间的矛盾问题，将专业大类进行模块化处理不失为一种有益的手段。在具体内容上，必须明确学徒培养周期、学徒培养要求，以及企业培训的核心要求（可将企业课程纳入其中）等内容。

有了专业教学标准，下一步就是对培养结果如何认证的问题。一个可靠和健全的学徒资格制度需要与更广泛的职业资格制度相协调，并在数量上易于管理。学徒资格标准的数量，即使在现代学徒制度非常先进的国家，通常只管理相对有限的学徒培训职业。对于那些短期内不适合开展现代学徒制的职业应不作硬性规定，而将国家有限的资源转移到有实施学徒制价值的行业。要确保评估的可靠性和一致性。在可靠性方面上，学徒资格认证需由第三方权威机构进行，并要求在评估计划中，列出期末评估报告、笔试、面试和实践测试的内容，以及学徒的技能是否达到行业预期的标准。在一致性方面，资格认证应由某一个具有权威性的评估机构进行，但为了避免特许经营带来负面效应，应对认证机构的资质设定一个有效期限（如五年），并保持某些可竞争性。

三、完善的导师制度：现代学徒制的重要组成

在现代学徒制中，教师和培训人员（通常称为企业师傅）的素质和水平是现代学徒制成功构建的关键。在实践中，由于教学理论和实践职业技能日益结合，使教师和师傅之间的不同往往变得模糊。因此，我国现代学

徒制的成功构建，需要对企业师傅和校内指导教师的标准问题进行重点研究。

（一）企业师傅的任职标准

与传统职业教育对师资力量的要求不同，现代学徒制要求学徒教育发生在学校教师和生产场所师傅之间共享培训任务的过程中。这对企业师傅的任职标准提出了明确要求。

首先，企业师傅的教育者角色。在现代学徒制教育中，企业师傅必须具备一定的教学能力。在培训方案和资格标准的基础上，师傅需要制定培训目标，并将其转化为学徒在企业的行为规范和标准。要组织教学活动，掌握教学进度，监督和评估学习成果，从而将理论和实践结合在一起。在工作环境中，企业师傅要向学徒传授技能知识，并指导学徒操作。因此，企业师傅是学徒在整个培训过程中的首选对话者。

其次，企业师傅的管理角色。在现代学徒教育中，企业师傅的作用不仅是传递实践技能和知识，还在于负责学徒的工作、生活和思想，扮演着管理者的角色。他们帮助学徒适应企业的工作环境，熟悉各种制度规范，协调内外关系。他们将工作分配给学徒，负责一个团队，确保工作过程顺畅。企业师傅并不仅仅是一个简单的培训指导者，而是在培训实践中扮演着管理者角色。但这样的角色并不是孤立的，而是嵌套在现代学徒制培训的整个过程中。因此，必须制定符合实践需求的企业师傅任职标准。企业师傅人选问题可归纳为三方面内容，一是通过激励性手段增加企业师傅带徒吸引力；二是对企业师傅候选人进行培训；三是对企业师傅进行资格认证。要做到这三点，需要从制度层面进行支持、激励，在认证层面进行相应规则设计。企业师傅专业标准应包含企业师傅的选拔、培训、激励和认证等细则。

（二）校内导师的任职标准

自现代学徒制试点以来，大多数学校实行了校内导师制。调查发现，很多职业院校在选拔校内导师时，有时与专业教师发生冲突，由于无法提供有竞争力的薪酬，尤其是在校内导师需求量较大的试点专业，校内导师短缺问题是比较严重的。因此，职业院校应创造条件，努力培养具有相关职业技能的教师成为校内导师。在校内导师缺乏工作经验的情况下，需要出台各种政策，鼓励更多具备实际工作技能的人成为校内导师。对于校内专业教师而言，可以通过在企业担任兼职教员的方式获得经验。这种工作方式还可能会吸引那些希望成为学徒校内导师，但在企业工作的人。也就是说，试点院校与业界之间的合作与交流，既可以提高和保持校内导师对工作场所的熟悉程度，又有助于在企业中培养一批受过教学技能培训的人，这些人将来可能担任校内导师。这将促进校内导师的专业性和企业师傅的职业性之间灵活的职业道路，有助于解决现代学徒制师资不足和招聘不畅的问题。因此，学校和企业间的密切合作至关重要。作为校内导师任职的资格条件，校内导师标准也应包含选拔、培训、激励和认证等细则，选择条件尤其强调业界工作经历和所取得的相关职业认证。为了保证学徒培养质量，校内导师需完成一定时长的企业培训课程，包括现代工作场所快速变化的新技术、新工艺等内容。

总而言之，对于参与培养学徒的人员来说，企业师傅往往缺乏教学经验，校内导师往往职业经验不足。如果有专门的组织机构为未来的企业师傅提供继续教育和培训课程，帮助其提高技能，那么对于现代学徒制发展中师资问题的解决将大有裨益。同时，还可以设计一个义务培训方案来满足校内导师的需要。该方案应在工作场所新要求、学徒管理、学徒评价等方面提供实际操作指导。要做到以上几点，需得到以下几方面的支持：一是应在认证技能和非认证技能之间进行区分；二是对于参与企业，应严格聘用经过认证的企业师傅；三是政府与行业进行技能认证，举办认证培训。总之，完善的导师制度除必要的培训安排和相关标准的制定外，还应该进行财政激励，确保企业获得培训能力，企业师傅积极参与。

四、畅通的学徒升学路径：现代学徒制的有力支撑

现代学徒制既要吸引企业，也要吸引学生，畅通的升学路径是吸引学徒参与的重要支撑。

（一）现代学徒制是一种途径，而不是终点

许多研究者认为，教育的价值在于成长的过程。学习是一个不断变化

的过程，本质上又是环境、社会的一部分，并受其影响。现代学徒制作为一种应用型人才培养模式，允许学徒享有学习的权利和机会，并为学徒提供就业机会，相应地，对学徒技能的提升也提出了更高的要求。随着科学技术的发展，高技能工作的比例不断上升，而低技能工作的比例在下降，因此，企业需要一支高技能的员工队伍。学徒只有不断提高技能水平，才能适应不断变化的工作要求。而技能从低到高是一个不断学习和积累的过程，在这个过程中，更高水平的指导对技能形成影响更大。技能形成的本质可以概括为知识与具体工作任务的联系，不过，由于工作任务的性质不同，联系的具体内容也会有所变化。只有在具体工作情境中，引导学徒努力建构知识与工作任务的联系，才能有效地习得和提升技能。也就是说，随着工作任务复杂程度的不断提高，知识的广度和深度要求不断扩大，不同层次受教育个体对知识与工作任务之间建立联系所采取的行动不断升级。据此，一般水平的学徒需向更高一级的学徒转变，而这一转变如果能在更高级别的指导和教育环境下，效果会更明显。因此，对于学徒个人而言，现代学徒制只是其成才的一种途径，并不是终点，学徒应有更高一级的上升空间。

升学路径的畅通，需要为学徒专门设定高层次学历。这是学徒升学路径畅通的必备条件，但不是唯一条件。如果只是在学历层面上进行更高的设定，而不对考试制度进行相应的配套安排，那么，对于学徒而言，很可能只能对着高学历而望尘莫及。因为学徒制是以就业逻辑为导向的，在学徒期间，几乎三分之二的时间要花在以工作为主的培训上，而较短时间的以学校为主的学习，不可能达到接受高等教育所需的知识水平。因此，为了避免类似的由学徒制到高等教育的低渗透模式，切实为学徒提供更多的获得高等教育资格的机会，有必要在制度层面对学徒升学考试规则进行特别规定。

（二）现代学徒制升学制度安排

为了促进现代学徒制的发展，应设立高学历层次的学徒制，为学徒接受更高级别教育提供可能。高学历层次的学徒制在学习方式和学习结果方面应与普通高等教育有所区分。在学习形式上，主要是边工作边学习，主要基于两方面考虑：一是升学考试会导致学徒离开企业，企业很难收回前期投资的成本，因而在三方协议中，企业对于学徒升学考试进行了严格的限制；二是边工作边学习能为学徒带来稳定的收入，激发学徒学习热情。这也就涉及高层次学徒制与其他学习经历之间有效衔接的问题。主要方法如下：一是从学徒期内直接过渡。学徒期内获得的资格、技能以及学校授予的毕业证书都是升学资格审核的考量要素，将技能、资格水平与学位层次相衔接，支持从基于能力的证书级别课程到更高的学位，由个人按照自己的职业目标、经验和机会来选择。二是并列运行。作为学徒制度安排的一部分，它允许学生在学徒期内，在业余时间开始他的大学学位学习。并行模式更符合上文中提到的边工作边学习的特征。不过，具体实施上可能需要与企业进行协商解决。即便如此，要实现这样的安排也并不容易，需要克服现有的制度，或在现有制度安排的基础上，扩大学徒制的概念、必要条件和可能遇到的种种挑战。

当然，学徒升学路径的畅通除需要对高层次学徒制的设立进行相关的制度安排之外，还需要在制度层面上突破职业院校传统升学考试方法，突出以实践能力为入学参照标准。可行的做法是，将实践操作纳入考试范围，真正为高层次学徒制选拔掌握扎实技术技能的学生。高学历层次的学徒制并不是普通高等教育的翻版，其本质上依然强调学校学习和工作场所学习间的互动，其基本目标是培养高水平技术技能人才。因此，对于高层次学徒制课程内容和入学要求需有明确的规定。通过为学徒提供接受高等教育的机会，可提升高等教育对职业资格的认可度，削弱职业教育和学术教育之间水平整合较弱的影响。高层次学徒制度安排为终身学习和职业发展提供明确的途径，为学徒及其企业量身定做的选择和灵活性，以满足他们的需要，这对贸易和技术行业至关重要。

第四章

高职院校现代学徒制运行机制

第一节 现代学徒制运行机制的概念界定

一、现代学徒制：基于师徒关系的校企跨界育人合作制度

1. 现代学徒制与传统学徒制的概念内涵辨析

现代学徒制是从传统学徒制发展演化而来的，现代学徒制至今仍然保留着传统学徒制的基因。学徒制通常被定义为："以师傅带徒工为主要形式，以某行业或职业的知识技能学习为内容，徒工可因劳动获得某种形式回报的职业教育形态"。从学徒制的定义可以得出，传统学徒制与现代学徒制具有共同的内涵特征：第一，两者都以技术实践为学习的主要途径，无论是现代学徒制还是传统学徒制，两者的教学过程都寓于工作过程之中，通过工作过程掌握技术技能是两者共同的学习路径，而且学习过程都遵循着从简单到复杂，从局部到整体的过程，最终获得胜任岗位需求的技术实践能力。第二，学徒（学生）技能习得要经过严格的技术训练，无论是传统的学徒制还是现代学徒制，对学徒的技能熟练程度要求都比较高。

现代学徒制沿袭了传统学徒制的师带徒的方式，由企业派遣技术技能熟练的师傅以"师带徒"的方式进行，在训练过程中，师傅对学徒有着十分严格的要求，如果学徒不努力，企业可以解除与学徒的培训合同，而且在整个技能习得的过程之中，职业技能训练的时间也非常长。

随着时代发展，现代学徒制实现了对传统学徒制根本上的超越，已经不仅仅是一种在工作场所中培养技术技能人才的培养模式，而是纳入国家整个人才战略之中，受到国家相关法律法规的监督。尤其是一些试点学校加入现代学徒制之中，更是全面改变了学徒制的原有形态和运行方式，可以说，现代学徒制是对传统学徒制的一种变革与超越。

2. 现代学徒制与校企合作的概念内涵辨析

前面分析了现代学徒制与传统学徒制的区别，而现代学徒制与校企合作概念存在区别，在理论上对两者进行辨别区分很有必要。校企合作有广义和狭义的区分。从广义上看，校企合作泛指学校和企业之间在人才培养、科学研究、产品开发等方面的联合行动；从狭义上来看，仅指企业和学校两种组织机构利用各自的资源在人才培养上开展的紧密合作，企业负责技术实践能力的培养，学校主要负责对普通文化知识和技术理论知识的传授，通过这种方式实现人才供给主体（学校）和人才需求主体（企业）在人才培养上的紧密合作。如果从字面意义看的话，我们很难区分校企合作与现代学徒制的实质区别。从广义上来看，现代学徒制也是学校和企业之间的一种合作模式。如果要深入理解其内涵本质，就必须基于当前我国校企合作的核心特征和现代学徒制的本质内涵进行深入的辨别分析。现代学徒制与当前开展的校企合作的主要区别在于，前者更加强调企业在人才培养过程中的主体和主导地位，同时需要行业、企业在人才培养过程中发挥规范和监督等作用。由此可见，现代学徒制与校企合作的根本不同主要体现在"谁来主导"和"学徒身份"两个最为关键和核心的特征上。

二、高职院校现代学徒制运行机制

基于对现代学徒制概念的界定，高职院校现代学徒制运行机制的内涵也就一目了然了。高职院校现代学徒制运行机制是指高职院校与企业两个合作主体在联合培养技术技能型人才过程中，参与培养过程的各个相关主体基于自身的诉求而在相互合作的过程中所产生的相互作用关系。本书正是为了探讨这一运行机制可以从哪几个理论维度进行深入阐述，分析当前高职院校现代学徒制在运行实施的过程中出现了哪些问题，可以通过哪些制度措施对运行状况进行系统优化，从而保障人才培养目标的实现。高职院校现代学徒制运行机制中的参与主体主要有行业协会、高职院校、企业、学生、师傅和教师，而这些主体通过相互作用所形成的结构和功能正是现代学徒制运行机制研究的重点。

第二节　现代学徒制运行机制的参与主体及主要诉求

　　对高职院校现代学徒制运行机制进行深入分析，必须首先明确参与到高职院校现代学徒制运行机制的主体为谁，其对这一制度的诉求为何，这是深入分析高职院校现代学徒制的结构与功能的必要前提。社会建构理论认为，一个国家或一个地区的某种制度选择并不是处于这个社会中的成员自己抉择的，而是与其整个经济社会的治理机制相匹配的，即制度是被社会建构的。从社会构建理论视角分析现代学徒制，即学徒制不仅仅是企业主体和学徒主体之间的双向博弈，而是国家、行会、企业、学校、学徒和家长等不同利益相关者基于自身主体的利益诉求两者之间或多者之间的多维、多元和多次的博弈，并最终形成了学徒制度的变迁轨迹。

　　所谓建构，主要包括了三个层面的含义：一是达成共识，即不同的行动者在基于自身利益诉求的前提下为达成某一社会行动目标而进行磋商和妥协，最终达成共识；二是社会性，即影响社会行动目标的因素具有社会性特征，是受整个社会环境所制约的，而非个体主休完全理性选择的结果，其因素包括利益、价值、权利、意识形态以及社会的习俗规范等；三是不同行动主体的理性也是被建构的，即个体的行动策略会受到其他个体或因素的影响，被深深地打上整个社会的"烙印"。基于社会建构的视角，高职院校现代学徒制的本质是不同行动者之间基于自身的利益诉求，为了达成技能传承这一社会目标，相互合作的建构过程。厘清高职院校现代学徒制这一特定场域之中的参与主体，并对其主要的利益诉求进行识别和价值判断是深入分析其运行机制的必要前提。从高职院校现代学徒制的构建过程出发，并借鉴其他国家在现代学徒制构建中的参与主体为基本判别依据，笔者认为，我国高职院校现代学徒制运行机制的参与主体主要包括行业企业（师傅、学徒）、高职院校（教师、学生）等。

一、行业企业：提前筹备人力资源

离开行业企业，单凭学校自身是无法培养出满足社会需求的高素质技术技能人才的，这已经为各国的职业教育办学实践所证明。行业协会在现代学徒制的发展中居于十分重要的地位，其对学徒制的管理包括以下几个方面：一是制定一般性的管理规范（师徒之间的契约、学徒最低年限、保证师傅资质等）；二是教学指导和监督；三是学徒考核。另外，行业协会还要负责审查培训师与培训场所的资质；任命培训顾问，监督培训的执行；签订企业与学徒的培训协议；向培训师和学徒提供咨询建议；对学徒的培训进行评价等。

企业作为一个以盈利为主的经济组织，为何会将有限的资源投入人才培养之中？其积极参与现代学徒制的利益诉求是什么？因此，识别并分析企业在参与现代学徒制中的利益诉求是探讨现代学徒制运行机制的必要前提。企业作为具有经济属性的组织，其一切活动都离不开经济利益的最大化，企业参与现代学徒制一定是其所投入的资源能够得到其他方面的补偿，企业的主要职能是提高自身的生产经营能力，创造财富，服务社会和消费者。企业发展的核心是人才，而生产一线的技术技能型人才主要由职业院校来培养，但职业院校由于缺乏先进的设施、设备，其人才培养的质量标准往往不能满足企业的用人需求，这样企业就不得不花费大量的时间和精力用于人才的培养，而且还需要花大精力去劳动力市场寻找适合企业所需要的人才。而参与现代学徒制的企业可以通过与职业学校的合作，优先挑选企业所需要的人才，而且由于企业参与人才培养，可以保证人才培养质量符合企业的需求，同时还具有挑选人才的优先选择权，把一些优秀的学徒留为己用，这样就从根本上保障了企业技术技能人才的持续供给。因此，企业只有在获得利益补偿的情况下，才会参与到现代学徒制中，如若没有了企业的积极参与，现代学徒制运行机制也就无从谈起。

企业师傅在现代学徒制中的利益诉求经常为人们所忽视，认为企业师傅作为企业的雇员理应服从企业的安排，只要企业具有参与现代学徒制的意愿，企业师傅自身的积极性就自然而然地得以调动，企业师傅的利益诉求就不需要得到专门的考虑。现实环境远远比理论假设更加复杂，企业师傅尽管作为企业的雇员，应该服从企业的安排，履行企业赋予的培训学徒的职责。同时，企业师傅与企业是一种劳动雇佣关系，雇员之间也存在着较为激烈的竞争关系，而学徒（学生）作为未来的企业雇员，同样和企业师傅之间存在着潜在的竞争关系，在这种关系之下如何保障企业师傅的劳动安全，即如何防止"教会徒弟，饿死师傅"现象的发生，就成为现代学徒制能否在具体实施过程中得以有效运行的关键。例如，有学者对某国有企业的调查中发现，由于外部制度环境的变迁，学徒制已经很难再在国有企业中重新实施，而其中的最大障碍就是企业师傅由于顾忌到自身的劳动安全，并不愿意积极投身到学徒培养活动中。市场化的劳动组织方式孕育了员工之间的等级竞争，从而引发了员工自身的劳动安全忧虑，因此，在缺少非市场性劳动安全制度保护的情况下，师傅对徒弟技能传授的动机明显不足。对于企业师傅而言，其利益诉求的有效满足同样是高职院校现代学徒制运行机制构建的重要实现前提，在开展现代学徒制的实践探索过程中必须重点考虑企业师傅所担当的角色和其自身的利益诉求。

二、高职院校：提高自身人才培养质量和社会声誉

高职院校作为重要的利益相关者，在现代学徒制构建的过程中也具有十分重要的地位。在传统学徒制运行机制中，并没有职业学校的参与，因为当时科学还没有大举进入工业生产领域。随着手工业生产的逐渐凋零，以现代科学为基础的工业化的迅速发展，导致传统学徒制难以满足企业的需求，因此，在德国、英国等都出现了培养现代工业生产所需要的技能型

人才的职业学校。德国更是将现代学校制度同传统学徒制度结合起来，凡是招收了学徒的企业都要将其送进职业学校学习普通文化知识和技术理论知识，这便是双元制发展的雏形。职业院校作为技术技能型人才供给的主体，对于企业的发展具有十分重要的作用。随着知识经济的发展，对于企业而言，物质资本的重要性正在逐渐降低，占有知识的人才资本日益成为稀缺资源，高度专业化的不可替代的人力资本在企业价值创造过程中居于绝对的主导地位。而技能型人力资本作为人力资本的一个重要类型，成为企业在创新发展环节中不可或缺的重要一环。对于企业而言，有效介入职业院校的人才培养过程，与职业学校形成紧密合作关系成为其当前重要的发展战略。因此，高职院校在现代学徒制构建过程中是不可或缺的，是现代学徒制运行机制中的重要一环，没有职业院校的积极参与，现代学徒制的构建也必将难以有效实现。

高职院校在现代学徒制构建中的利益诉求能否实现，是现代学徒制能否有效运行的关键因素。对于高职院校而言，之所以要积极参与现代学徒制，主要是因为技术技能人才的培养仅仅依靠教育部门是根本无法完成的。高职院校无论是在设施设备的硬件资源投入上，还是在双师型教师的软件资源投入上，都无法满足高素质技术技能型人才培养的需求。因此，通过现代学徒制实现与企业在人才培养上的密切合作，实现自身的利益诉求——利用行业、企业资源解决高职院校当前实习教学资源、实践教学场所的不足，完成学生技术实践能力的培养，并利用行业企业的劳动力市场信息资源和岗位人才质量标准，调整学校的专业设置、人才培养目标和培养规格，最终实现高职院校在人才培养质量上的提升和办学声誉的提高。对于高职院校和企业而言，两者的利益诉求在相当程度上是契合的，企业需要提前进行人力资源的储备，而高职院校需要借助企业资源实现人才培养质量的提升。因此，现代学徒制运行机制的构建目的就是保证学校和企业的利益诉求能够实现紧密的契合，并通过制度措施来保障双方的利益诉求，从而保证现代学徒制能够顺利运行。

高职院校的学生（学徒）也是现代学徒制的重要参与者，其利益的有效满足对于现代学徒制运行机制的构建同样具有十分重要的意义。如果没有学生（学徒）对现代学徒制价值的认可，并通过在学习上的积极投入来提高自身的技术技能，从而实现现代学徒制的价值，那现代学徒制运行机制也将因为缺乏学生的积极参与而难以得到有效构建。因此，保障学生（学徒）的利益诉求，并通过精心设计的人才培养方案、质量严格的培养过程提升学徒技术技能，就成为吸引更多的学生（学徒）参与到现代学徒制，保证现代学徒制运行顺畅的关键。在传统学徒制和我国过去开展的校企合作中出现过一些侵占学生权益，把学生（学徒）当作廉价工人的现象，这种校企合作因为缺少了学生（学徒）的积极参与而难以为继。

第三节　现代学徒制运行机制的理论分析框架构建

在基本明确了高职院校现代学徒制运行机制的主要内涵及其参与现代学徒制运行的相关主体基本的利益诉求之后，还需要进一步探讨高职院校现代学徒制运行机制的理论分析框架构建，这是对其理论内涵进行深化认知并进行实证调查研究的必要前提。

现代学徒制运行机制理论分析框架的构建是本书研究的逻辑起点，也是后续研究顺利开展的重要基础。基于高职院校现代学徒制运行机制的本质内涵可以得知，现代学徒制运行机制是高职院校和企业两个合作主体在联合培养技术技能型人才过程中，参与到这一构成中的各个相关主体基于自身的利益诉求而在寻求合作的过程中所发生的相互作用关系。因此，现代学徒制本质上是一种跨界合作制度。运行机制就是在寻求这一制度的构建并维持这一制度的运行过程中各个主体之间的相互作用关系。既然如此，如果现代学徒制本质上又是一种跨界合作制度的话，那么按照合作开展的逻辑，就必然会有以下几个问题需要回答：其一，组织属性各不相同、利益诉求也各有不同的主体之间为何会开展合作，即合作缘何开展；其二，如想达成合作，不同的利益诉求主体之间将会通过何种途径、手段达成利益之间的相互妥协，即合作如何达成；其三，合作意向达成后，不同的合作主体在合作进行过程中承担的角色是什么，又需要履行何种任务职责，即合作如何进行；其四，如何保证合作主体之间能够尽职尽责地履行先前所达成的合作契约，保证合作目标能够顺利实现，即合作目标如何实现。因此，既然高职院校现代学徒制在本质上是一种跨界合作制度，那么现代学徒制运行机制的构建就是围绕着合作过程而发生的相互作用关系。笔者基于以上分析，确定高职院校现代学徒制运行机制的理论分析框架。

一、利益驱动机制：合作缘何开展

合作缘何开展？这是高职院校现代学徒制构建的第一个必须要回答的问题。不同的合作主体组织属性不同，所追求的目标也有差异，却要跨越组织的边界联合培养高素质技能型人才，对于这一问题的回答是：高职院校是现代学徒制构建的起点，也是各方产生相互作用关系的起点。根据上文的基本假定，现代学徒制的参与主体都是自身利益最大化的行为体，各个主体都是为了实现自身利益最大化的理性行为主体。按照这一假定，高职院校现代学徒制得以构建的一个必要前提就是各方能够通过现代学徒制的构建获得利益。因此，各方利益诉求的满足，尤其是企业利益诉求的满足是现代学徒制能否得以实施的一个重要前提。针对这一问题在不同主体之间所产生的相互作用关系，就被称为利益驱动机制。

在过去的校企合作过程中，之所以会出现"剃头挑子一头热"的情况，就是因为企业的利益往往很难得到保障。企业认为校企合作是一件费力不讨好的事情，不仅很难获得自己所需要的人才，也会时常干扰到企业的正常生产秩序。

二、沟通协调机制：合作如何达成

当具有不同利益诉求的主体基于自身的利益考量而拥有参与现代学徒制的意愿后，就需要进一步探讨各个主体之间通过何种方式达成合作，即各主体之间如何进行协调沟通。在合作过程中，高职院校属于提供公共服务的公共机构，企业属于以盈利为核心的经营机构，两种组织具有完全不同的组织属性，存在着十分明显的组织边界。如果没有具有一定的权威性和规范性的沟通平台来保证各方利益诉求的充分表达和有效沟通，则很难保证双方能够达成合作的目标。因此，搭建行业企业与教育部门之间的沟通合作平台，是保证合作能够实现的重要途径，而这一平台往往是建立在国家和地方政府层面，制定相关法规制度，从而使不同利益主体的诉求能够得到有效的保证。而且在国家和地方政府建立协调机构，也避免了职业院校和企业之间在实践过程中因反复沟通而导致的合作成本过高的现象。

三、课程开发与实现机制：合作如何进行

高职院校现代学徒制运行机制构建的核心内容是课程开发与实现机制，无论是前文阐述的利益驱动机制还是沟通协调机制，最终的目的都是要明确不同的参与主体在实现人才培养这一共同目标的过程中，即人才培养过程中应肩负何种职责，如何通过协同合作完成育人的目标。课程开发与实现机制涉及教什么、怎么教、谁来教三个方面的问题。一是教什么，要回答的是课程内容如何开发，谁来决定学习何种知识、技能，不同的主体之间主要的职责、权限是什么，谁具有主导的地位，如何通过相互合作开发课程内容，这一过程也可以概括为课程开发机制。二是怎么教，要回答的是在确定了课程内容之后，谁来实施已开发出的课程，不同的主体之间如何通过协同合作保证课程规划能够顺利落地，如何通过资源整合开发来保证课程规划的顺利实施与运行，通过何种教学手段传授相应的知识，这一过程可以概括为课程实现机制。三是谁来教，主要回答的是由谁来负责对学生进行知识、技能的传授，他们在向学生传授知识与技能的过程中所肩负的职责权限有哪些，存在着何种相互关系，这一构成可以概括为教师合作机制。由此可见，课程开发与实现机制是高职院校现代学徒制最为核心的内容，其直接关系到学生（学徒）如何进行培养，而人才培养的方式直接关系到人才培养质量的高低，关系到现代学徒制是否能够实现其人才培养目标的预期效果。现代学徒制不是学校和企业的简单嫁接，只有在人才培养上的紧密合作才能达成合作的

预期。如果仅仅建立合作关系，而没有在人才培养上进行科学设计和规划，就算高职院校与更多的企业建立了现代学徒制合作关系，也无法保证其人才培养目标的实现。

四、质量保障机制：目标如何实现

现代学徒制是一个涉及多元主体参与的人才培养过程，在合作过程中，容易发生由于不同合作主体之间利益诉求难以协调均衡，外部环境的干扰以及内部结构的局部改变都有可能对现代学徒制的运行产生干扰，从而导致人才培养目标难以实现。因此，为了保证人才培养的质量，不同的合作主体也会通过多种途径建立质量保障机制，其内容涉及多个方面，有的国家通过职业资格证书来保证学徒培养质量，也有的国家通过对过程进行实时的质量监控来守护质量的底线。因此，现代学徒制的质量保障机制就是各参与主体为了能够保证人才培养的质量所形成的相互作用关系，即由谁来掌握学生培养质量的话语权，由谁来具体负责对培养质量进行监控，作为人才培养主体的学校和企业在保障人才培养质量中的责任、义务和权利是什么。通过对其他国家现代学徒制的考察发现，质量保障机制已经成为现代学徒制构建的主要内容。例如，在德国双元制的实施过程之中，对于职业培训条例和教学计划的贯彻实施建立了较为完善的督导体系，其中企业培训由行业协会负责督导，而职业学校的教学则由各州的教育与文化事务部负责全面的监管。因此，高职院校现代学徒制运行机制必须考虑到各参与主体为了能够达成人才培养目标，都采取了何种举措、行动，各主体在保障学徒培养质量上的权利、责任与义务是什么，各主体之间通过何种相互关系来维持并保障这样一种质量标准。

第五章

高职教育现代学徒制的校企协同育人机制探索

第一节 现代学徒制校企协同育人机制的概念界定与理论基础

一、概念

（一）校企协同育人

校企协同育人主要包含以下三个方面的内容：一是由学校与企业双主体进行育人。二是体现协同方面，学校和企业共同参与教育教学互动。三是重点在于育人，由学校负责学生基础理论知识学习，由企业负责学徒实践技能培训。通过校企双方对学校和企业课程设置、教学方案和内容、培训方案以及考核评价方式共同制订，共同参与、协同育人积极合作，使学生（学徒）真正学到有用的基础理论知识和实践技能，并将所学知识运用到企业实习工作中去。

参考一些学者对校企协同育人的相关研究，笔者将校企协同育人定义为：学校和企业双方共享学校和企业优质资源，共同参与教育教学活动的全过程，共同制定教学方案和课程设置，实现学校和企业双主体协同育人，共同合作，形成一种互惠共赢的教育教学方式。

（二）校企协同育人机制

根据相关文献资料研究，校企协同育人机制包含以下四点内容：一是以提高培养人才的质量和效率为核心目标，把育人工作作为最根本的任务。校企协同育人机制的重点在于"协同"，出发点和落脚点在于"育人"。因此，重点要围绕育人来开展。二是强调校企协同。不论是哪种合作方式，哪种育人方式，都是为了实现人才培养，为企业输送更多的高素质高技能人才。因此，要充分发挥学校与企业协同育人的作用。三是要建立起校企协同育人积极合作的运行机制。校企协同育人不同于以往的校企合作教育，它不仅仅是体现在校企合作上，更重要的是体现了校企协同育人在整个过程中的地位。四是校企协同育人机制重点体现在机制上，它体现的是一种有政府主导、相关行业组织指导、学校和企业协同育人积极合作、学生（学徒）积极参与的运行机制。因此，建立政府、行业、学校、企业及学生共同参与的校企协同育人机制是非常有必要的。

结合研究学者对相关文献资料的研究成果，我们将校企协同育人机制定义为：体现由政府主导，行业组织进行指导，学校、企业、学生共同参与的一种办学活动方式或运行机制。

二、理论基础

（一）人力资本分析理论

人力资本在社会经济发展中占有很重要的地位，对社会的进步、科技水平的提高以及企业的发展起着巨大的作用。人力资本理论把人作为一种特殊的、重要的形态来进行认识与分析，认为市场经济的发展要依靠高质量、高技能型人才，才能促进社会的稳定和进步。这些高质量、高技术人才又要依靠人力资本来进行投资，即劳动者所体现的质量和技能，而劳动者质量和技能的培养和提高又要依靠学校对学生知识的培养和企业实践工作技能的传授。因此，教育对人力资本的形成和发展起着关键作用。人力资本理论现已被应用到社会经济的各个研究领域，教育与人力资本有着非常密切的关系，因此，人力资本理论逐渐成为学校和企业协同育人共同合作的重要选择依据。

(二) 成本收益分析理论

成本收益分析理论所体现的是一种利益均衡的关系，即付出一定的成本就要获得相应的利润或利益，使收入和支出达到一定的比例均衡。成本一般分为三类。第一类是会计成本和机会成本。会计成本又称为显性成本，即付出的成本可以被人们看到。机会成本则又称为隐性成本，即在某些方面付出的成本是人们看不到的。会计成本是指企业在市场经济发展过程中，对产品的生产和销售所进行的一定资金投入。机会成本是指想得到某种东西或物品就需要对另一种事物有所放弃。一般情况下，如果企业机会成本大于0，则企业就会获得经济利润最大化。成本收益理论最重要的原则就是追求利润最大化原则。第二类是可回收成本和沉没成本。可回收成本是指支出可回收的成本，沉没成本是指支出无法回收的成本。第三类是短期成本和长期成本。短期成本是指企业在短时期内为实现企业利润最大化所投入的成本，长期成本是指企业长时期内为实现利润最大化所投入的成本。一般情况下，企业为了追求一定的利润和价值，就会遵循追求利益最大化原则，企业通过对投入的成本和获取的利益进行分析，就会选择产品投入成本低，但收获利润和价值最大的投资方案。

(三) 工作本位学习理论

工作本位学习最早起源于欧洲的职业教育，在德国的双元制培训中，工作本位学习理论被作为一种很重要的学习理论被广泛运用，它在职业院校教育教学活动与校企合作的过程中起着重要作用。它将学生置于一种新的环境下，通过学生对工作环境的适应、观察、学习等过程来帮助学员快速获得所需要的知识、技术和能力，并将学生所学到的内容与现实生活相结合，让学生在新的环境下，对新事物有所收获和发现。工作本位学习弥补了学校教育教学活动的一些缺陷。例如，有的职业院校在设置学生的课程中，理论课开设得较多，而实践活动安排得较少，就会导致学校基础理论知识课与实践活动技能课课时分配不均等问题，使学生在学校学习的基础理论知识较多，参与学校组织的实践技能活动较少，影响学生学习的积极主动性和参与性，不利于自身全面发展。而工作本位学习理论正是一种学生学习和工作相结合的培养方式，可以帮助学生更好地学习基础理论知识和实践技能。学生根据学校课程和时间安排，再结合自身学习情况，规划好自己的时间，通过在校学习基础理论知识和在企业学习实践技能相结合，并将所学到的技术成功应用到社会实践中去，从而不断提升自身的能力。

第二节　现代学徒制校企协同育人机制的发展现状与经验借鉴

一、现代学徒制校企协同育人机制的发展现状

自现代学徒制试点工作开展以来，相关职业院校与企业不断加强联系与合作，企业积极主动地参与现代学徒制人才培养，双方共同参与课程的设置、教学内容和培养方案制定以及学生技能培训等环节，实现学校与企业协同育人、共同合作，贯穿于从学生上课、实习到毕业的全过程中去。通过加强学校与企业的密切合作，使学校在人才培养方案、教学资源开发与利用、学校课程设置、教学方法和技巧等方面取得很大改进和完善；使企业从中获得更多的高素质高技能人才，满足企业岗位工作用人需求，提高企业利润；也使学生额外学到很多知识，学生自身能力和技能得到较大提高，为学生今后走上社会参加工作奠定良好的基础。

但从目前运行情况来看，现代学徒制校企协同育人运行机制在校企积极合作、课程设置、培养方案制定、培训过程及效果考核评价等方面还存在一些问题。如何加强学校与企业深入合作，推动现代学徒制校企协同育人机制向更高的层次运行，需要国家相关行业、企业、学校与学生的共同参与。

二、现代学徒制校企协同育人经验借鉴

（一）要有开展工作的良好实施背景

据了解，在现代学徒制试点单位中，当地政府的相关政策和资金支持对开展现代学徒制起到了促进作用。例如，广东省对清远职业技术学院和番禺职业技术学院推行现代学徒制试点工作都有相关政策支持和资金投入，为其提供良好的实施背景，减轻办学压力。两所学院都是采用现代学徒制校企育人合作的人才培养模式，学校和企业紧密结合，学校提供生源和师资力量，企业提供设备和技术支持。

（二）相关行业组织的指导和监督

在现代学徒制试点工作推行的过程中，相关行业组织对其进行一定的指导与监管，为校企合作提供市场经济发展和企业岗位人才需求的最新动态和消息，使校企双方对培养方案、课程设置、教学内容和教学计划进行及时调整，有利于学校与企业更好地育人与合作。

（三）要根据职业院校自身发展情况和专业特色来开展工作

职业院校都是根据各自学校不同专业、招生方式、招生对象、培养内容和培训模式等，分别采用不同的方式来开展现代学徒制试点工作。但共同点都是学校和企业协同育人，积极合作，在制定课程、教学计划和教学内容、培养方案及考核评价等方面都积极参与。

（四）要真正体现现代学徒制的"双元"属性

职业院校都是采用学校和企业双主体办学和育人，学生具有双重的身份。例如，清远职业技术学院和番禺职业技术学院都是采用现代学徒制校企合作的人才培养模式，学校和企业紧密结合，学校为企业提供生源和师资队伍建设，并不断丰富师资力量，企业则为学校提供一些实践设备和技术支持。

（五）学生双重身份和利益要得到一定的保障

学生在校是学生身份，在企业是学徒身份，这一点要得到学校和企业的共同认可。同时，学生在校学习基础理论知识，在企业获得实践技能，使学生学到的知识和技能能够成功运用到实践中去，让学生从中收获知识

和技能，并给学生颁发相应荣誉证书，实现院校、企业和学徒的"三赢"效果。

第三节　现代学徒制校企协同育人机制的构建

一、现代学徒制校企协同育人机制的设计

（一）内在动力机制

1. 构建校企双方育人与积极合作的协同机制

在现代学徒制校企协同育人机制的运行过程中，学校和企业共同对学生进行教育与培训占有非常重要的地位。对学校来说，企业会积极配合学校的教学目标和方案，为学校提供资源设备和实习培训基地，充分保障学生（学徒）的学习和培训工作。另外，企业也会安排专业技术人员对专业教师进行培训和指导，为学生（学徒）提供专业性和技术性的知识和技能。对企业来说，学校也会根据企业岗位工作用人需求，对学校的教学方案、课程设置、教学内容和教师考核评价体系做适当调整，为企业输送更多的高素质高技能人才，从而给企业带来一定的利润和价值，使校企双方从中都能获取收益，达到互惠共赢的效果。通过构建校企双方育人与积极合作的协同机制，充分发挥校企双方育人合作的协同性与积极性。

2. 构建职业院校师资队伍和考核体系的评价机制

对相关职业院校的教师团队、专业课程设置、教学内容及教师考核体系进行评价和完善。对刚入职的教师进行定期的专业理论知识学习和培训，完善教师自身教学技能，从而为学生提供更多的专业理论知识和实践技能，为学生今后参加工作奠定坚实的基础，促进学生自身能力全面发展。同时，对学校的课程设置、教学内容和教师考核体系进行定期考核与评价，能够使学校和教师根据市场经济和企业岗位人才需求对教

学内容作出适当调整。引导教师对自身不断完善，确保教学的质量和效益，确保学校教师的先进性、专业性和技能性，促使教师考核与评价体系更加规范和完善。通过建立院校师资队伍和考核体系的评价机制，为现代学徒制校企协同育人机制运行创造良好的校内环境。

3. 构建学生双重身份地位和利益的保障机制

在现代学徒制校企协同育人机制的运行过程中，学生的积极参与很重要。学生在校是学生身份，学习专业理论知识，在企业是学徒身份，掌握实践技能。因此，学生的双重身份地位和利益要得到学校和企业的认可和保障。学校和企业要通过相关法律制度和政策对学生的身份和利益进行保障。只有这样，学生才能放心地投入学习和实践工作中去，不断提高自身专业技术能力。因此，构建学生双重身份地位和利益的保障机制，确保学生自身利益不受损害，才能调动学生学习和实践的主动性与参与性。

(二) 外在动力机制

1. 构建政府政策支持与资金投入的激励机制

政府在现代学徒制校企协同育人机制的运行中占有主导地位，应加大相关优惠政策的支持与资金投入力度。对推行现代学徒制校企协同育人机制试点的职业院校给予政策上的支持和资金上的扶持，减轻相关职业院校办学的资金压力。另外，政府对相关职业院校与企业进行积极合作应给予政策鼓励和资金扶持。通过设立校企合作专项经费等奖励方式，使学校和企业从中都能获得一定的收益，从而充分调动企业与学校协同育人积极合作的主动性和参与性。通过建立政府政策支持与资金投入的激励机制，为现代学徒制校企协同育人机制的运行创造良好的政策环境。

2. 构建相关行业市场指导与监管的监督机制

在现代学徒制校企协同育人机制的运行过程中，相关行业组织占有很重要的地位。通过加强相关行业组织的指导与监管，为现代学徒制校企协同育人机制运行提供市场经济发展和企业岗位人才需求的最新发展动态和信息。使企业和学校根据市场最新信息，对本校的课程内容设置、教学方案、培训计划、考核方式以及教学过程等作出适当调整，从而为社会经济发展培养更多的高技能人才。同时，相关行业对其进行市场指导与监管，也为校企协同育人积极合作创造一个和谐稳定的社会环境。因此，开展现代学徒制校企协同育人工作必须构建相关行业市场指导与监管的监督机制。

二、现代学徒制校企协同育人机制的运行模式

现代学徒制校企协同育人机制的运行模式，是一种通过政府平台、行业平台、企业平台和学校平台，由政府主导、行业指导、校企协同育人积极合作，四位一体共同参与的运行机制和运行模式。具体运行情况为：由政府对其提供政策支持和资金扶持，为职业院校推行校企协同育人机制试点工作提供良好的政策环境。由相关行业组织对其进行市场指导和监管，为校企协同育人积极合作提供市场经济发展和企业岗位人才需求的最新信息，使校企双方根据市场经济发展最新信息，对学校和企业的课程设置、教学方案、教学内容和教学计划以及培训方案等作出适当调整。企业为学校提供一定的师资资源和实践设备，参与院校教师的考核评价等，由学生（学徒）在校学习基础理论知识，在企业掌握社会实践技能，将理论与实践相结合。这种运行模式充分体现了由国家政府主导、行业指导、校企协同育人积极合作及学生（学徒）共同参与的运行机制。

第四节　现代学徒制校企协同育人机制运行存在的问题及解决对策

一、现代学徒制校企协同育人机制运行存在的问题

现代学徒制校企协同育人机制的运行，不仅要靠政府政策的支持与资金扶持，而且还要靠相关行业的指导与监管、企业与学校的协同育人共同合作、学校教师培训和考核评价体系的完善以及学徒双重身份与利益的保障。自现代学徒制校企协同育人运行机制推广以来，已经取得了较好的成

效，但在运行的过程中，还存在一些问题和不足。

（一）企业协同育人合作积极主动性不够高

企业在现代学徒制校企协同育人机制试点工作的运行过程中占有很重要的地位。但由于一些企业在与学校的协同育人方面缺乏相关资金支持和利益保障机制，再加上政府的相关政策和资金扶持不到位，额外增加了企业为学徒培训和实习期间所需的成本费用，加重了企业经济负担，从而使部分企业对人才需求的培养缺乏长远的规划意识，忽视企业所赢得的长远利益。企业认为对学徒进行教育与培训会耗费企业大量的人力、财力和物力，而且部分学徒学成后有可能离开原工作岗位，会给企业带来一定的利益损失。因此，在一定程度上降低了企业与学校的协同育人合作积极性，制约了现代学徒制校企协同育人机制的运行。

（二）职业院校教师培训与考核体系不完善

相关职业院校在推行现代学徒制校企协同育人机制试点工作的过程中，缺乏政府的相关政策支持与资金扶持，导致相关职业院校师资队伍短缺，没有更多的资金引进高水平师资资源，对教师的培训开展得不好。再加上部分企业与职业院校合作不是很积极，在学生理论知识学习和实践技能培训方面未能达成共识，使学生难以学到有用的专业理论知识与实践技能，在一定程度上校企协同育人机制试点工作的运行成效未能真正体现。另外，相关职业院校在教师招聘、教师培训和教师考核评价等方面做得还不到位，教师培训制度和考核评价体系不完善，这也对推行现代学徒制校企协同育人机制造成一定的影响。

（三）学生双重身份地位和利益保障不明确

在一些发达国家，学徒的双重身份与利益得到明确的规定和保障。学生在校为学生身份，在企业为学徒身份。学校与企业协同育人积极合作，在学校传授学生理论知识，在企业提高学徒实践技能，使学生真正学到有用的理论知识和实践技能，学生双重身份地位和利益得到切实保障。但在我国职业院校推行现代学徒制校企协同育人机制试点工作过程中，学生的双重身份地位和利益没有得到明确保障。学生在企业实习工作和培训中，身份无法得到明确的认可，挫伤了其学习的主动性与参与性，使部分学生不能全身心投入工作中，从而给企业带来一定的经济损失，这也不利于现代学徒制校企协同育人机制的良好运行。

二、现代学徒制校企协同育人机制运行的解决对策

通过以上对现代学徒制校企协同育人机制的运行状况分析发现，在运行过程中存在以下问题：政府相关政策支持和资金扶持不到位，相关行业组织指导和监管力度不够强，企业协同育人合作积极主动性不够高，职业院校教师培训与考核体系不完善，学生双重身份地位和利益保障不明确等。笔者参考和借鉴国外现代学徒制校企协同育人的经验，对我国现代学徒制校企协同育人机制在运行中存在的问题提出相应的解决对策。

（一）增强校企协同育人合作的积极性，共同参与实践教学和培训

现阶段，我国职业院校与企业合作的深度和广度还不够，使得现代学徒制校企协同育人机制的试点和推广工作面临很多困难和问题。因此，企业和学校应根据市场经济发展情况和企业岗位人才需求，共同参与到学校课程设置、教学内容、培训方案、考核方式以及评价体系的制定中来。要增强校企协同育人合作的积极主动性，使学校与企业共同参与到院校教育教学和企业实践活动中去。企业要给相关职业院校提供一定的资源设备和实习场地，为学生（学徒）提供培训设施和实践设备。企业要定期安排企业师傅到职业院校进行专业理论知识和实践技能的培训，充分保障学生（学徒）学到真正有用的知识和技能。同时，企业也要对人才的培养进行合理规划与安排，不能只注重短期的眼前利益而忽视企业的长期利益。只有这样，企业才能全身心地和学校协同育人共同合作，为社会经济发展和企业岗位人才需求输送更多高质量、高技能人才。

（二）提升职业院校教师技能培训标准，完善教师教学考核评价体系

在现代学徒制校企协同育人机制运行过程中，相关职业院校缺乏合格的专业教师。因此，要不断引进先进师资队伍，规范教师的培训制度与考核评价体系。首先，教育主管部门应当立足我国职业教育的发展现状，对职业院校的教师认定标准进行重新认定和完善，引导和激励教师不断提升自身专业知识和实践技能。其次，行业协会、职业院校和企业应当加强合

作，共同制定职业教育教师培训和考核评价体系，加强对相关专业教师的培训与考核，确保教师教学的专业性和技能性。最后，相关职业院校对新入职的教师要定期进行专业知识和实践技能的学习和培训，促进教师进行自我学习，不断锻炼和提升自己，为学生传授更多的基础理论知识和社会实践技能。教师也要发挥自身优势，加强对学生理论知识、文化素养、职业道德等方面的培养，提高学生文化知识水平和道德素养，使学生得到全面发展。

（三）建立健全学生培训管理制度，保障学生双重身份的地位与利益

在现代学徒制校企协同育人机制运行过程中，学生的双重身份地位和利益如果得不到强有力的保障，就会挫伤学习的主动性和参与性，降低学习效率和质量，在一定程度上也会给学校和企业带来利益损失。因此，学校和企业要建立健全学生培训管理制度，保障学生双重身份地位与利益。对学生的双重身份进行明确规定，既要承认学生在校学习的学生身份，又要承认学生在企业实习的学徒身份，只有学生的双重身份得到认可和保障，学生在校学习与企业实习过程中，才能安心学习理论知识和实践技能，为企业和学校做出应有的贡献。另外，企业与学校在现代学徒制协同育人的过程中，要建立健全培训管理制度，不仅要重视学徒实践技能的培训，还要注重对学生职业道德和素质的培养，提高学生思想文化水平，培养学生对企业、对工作的忠诚度和责任感，促进学生自身全面发展，为学生今后走上工作岗位奠定良好的基础，使学生快速地融入企业文化中去。同时，在实习工作期间，还要加强对学徒的学习和生活管理，切实保障学生自身利益。

第六章

高职教育校企合作模式与运行机制

第一节　校企共建应用型人才培养新模式

进入20世纪80年代以后,世界各国越来越重视应用型教育,即重视实践教学、强化应用型人才培养。高职院校在教育教学改革中充分认识到,实践教学是培养学生实践能力和创新能力的重要环节,也是提高学生社会职业素养和就业竞争力的重要途径。一些高职院校纷纷开展现代学徒制试点工作,加快融入区域经济,建立与企业的合作关系,与行业企业人才培养和技术创新需求实现对接。在办学过程中,高职院校以产教融合、校企合作为突破口,根据所服务区域、行业的发展需求,积极寻找切入点、创新点、增长点,探索现代学徒制应用型人才培养的新模式。

一、应用型人才的特点

应用型人才就是把成熟的技术和理论应用到实际的生产过程中的技能型人才。应用型人才的知识结构是围绕着生产实践的实际需要加以设计的,在课程设置和教材建设等基本环节上,特别强调基础、成熟和适用的知识,而对学科体系的研究和对前沿性未知领域的关注相对不够。应用型人才的能力体系也是以生产实践的实际需要为核心目标的,在能力培养中特别突出对基本知识的熟练掌握和灵活应用,对于科研开发能力则没有更高的要求。应用型人才的培养过程更强调与生产实践相结合,更重视实践性教学环节,如实验教学、生产实习等,通常将此作为学生贯通有关专业知识和集合有关专业技能的重要教学活动,而对于研究型人才培养模式中特别重视的毕业设计与学位论文,一般要求不高。

应用型人才并不完全等同高等职业教育培养的技能型人才。应用型人才的培养强调理论与实践并重,并且要在提高学生知识水平和专业技能的同时,培养学生的自主学习能力,学生的理论知识水平无论是广度还是深度都要高于传统职业教育,学生的专业技术技能更强调灵活应用,而不是简单重复性操作。

二、应用型人才培养方案的制订

人才培养方案的制订包括很多内容,如培养目标以及核心能力的确定、课程体系的搭建、师资队伍建设、实验基地建设等。如何在方案的制订过程中体现产教融合和校企协同育人,是我们探索现代学徒制人才培养模式的重点。

(一) 培养方案的构建

企业和高职院校结合区域经济社会发展,制定专业教学质量标准,修订人才培养方案。建立合作关系,使高职院校更好地与当地创新要素资源对接,与经济开发区创新发展对接,与行业企业人才培养和技术创新需求对接。

(二) 课程体系的实施

结合当前企业需求,建立务实的人才培养目标,培养专业能力扎实、具有行业应用实践能力、良好沟通能力的技能人才。组织专业教师对行业企业进行调研,总结企业人才需求情况,确定专业培养方向。与企业共同制订人才培养方案,共同开发教材,共建实践教学平台,联合教学,共同开发教学资源库,提供就业支持;充分利用企业、行业资源,培养老师的应用科研创新能力，提升专业参与行业科研的能力，推动应用科研反哺专业建设。

（三）打造双师型高素质教师队伍

由企业中具备讲授课程资质的人员加入专业教学团队，采取混编师资团队形式，实现校企互通，专兼结合，共同开展教学与科研工作。所有的专业课程、课程设计及毕业设计均为校企共建课程，由企业工程师和专业教师共同承担教学任务，共同做好课程建设与学生培养工作。课程实行双导师模式，即每门课程均由一名企业人员和专业教师共同承担教学任务。突出实践特色，由企业工程师与在校教师共同指导学生毕业设计。

（四）探索校企共建课程

课程建设是人才培养的重要环节。校企共建课程是产教融合校企协同育人的一个产物。校企共建课程的实施需要注意以下几个方面。

1. 课程的选择

不是所有的课程都适合校企共建，一般应选取实践性较强、对教师实践能力要求较高的课程。通过校企共建，可以弥补高校教师在实践教学中的不足，更好地提高教学效果。

2. 合作企业的选择

大部分课程对于企业的选择可以遵循以下原则，即实验设备来源于企业，选择具备企业讲师资格且熟悉实验设备的工程一线人员做实践教学指导教师。

3. 合作方式的选择

合作方式的选择和具体课程相关。如果课程分为理论教学和实践教学，合作的模式是校方教师负责理论教学，企业工作人员负责实践教学，这样可以充分发挥各自的优势，从而提高教学效果。

4. 实施方案的确定

具体实施方案由学校教师和企业工作人员共同商定。可以采用理论与实践交叉、理论和实践分开的方法，具体的教学方法需要根据教学内容的需要来确定。

5. 学生反馈意见

每门课程结束后,组织学生填写问卷,掌握学生的学习情况,听取学生的意见和建议,形成良性互动,不断改进课程教学的方式方法。

(五) 建立新型人才评价体系

建立面向应用型的新型人才评价体系主要包括专业基础课和专业技术课,新的评价体系主要采用以实践能力为主的考核模式。

三、校企合作开展应用技术型人才培养

校企合作开展应用技术型人才培养的根本点在于要发挥企业和学校各自的优势,对接企业和学校各自的需求,实现企业和学校的合作共赢、协同发展。企业具备在相关领域的技术优势、人才优势、资源优势,同时也面临大量的技术应用型人才需求、持续的技术创新和社会服务等任务。企业工程技术师资团队拥有丰富的工程实践经验,混编进入教学团队,可以大大提高专业的实践教学水平,强化学生的实践动手能力,以满足企业发展需要。专业教师可以深入企业,承担企业的应用型研究课题,协助完成企业的科研攻关和技术创新等。校企双方可以进行人才共享,充分发挥学校和企业人才的互补优势,实现优势互补、互惠共赢的校企合作。

第二节　校企协同的育人路径

校企协同育人是提升高职学生实践能力与创新能力的重要途径。但无论是合作形式、内容,还是合作成效,国内的校企协同育人与发达国家相比都处于浅层次阶段,许多企业尤其是知名企业缺乏积极参与的动力,普遍存在"学校热、企业冷"现象,即所谓的"校企合作失灵"。如何激发、增强众多企业特别是知名企业参与校企协同育人的动力,推进合作向多方位、深层次和可持续的方向发展,提升学生的实践能力与创新能力,是摆在高校面前的一个重大课题。

一、合理选择企业，实现校企双方的互利共赢

当前已进入知识经济时代，校企协同育人既是教育活动，也是经济活动，是一种互利共赢、平等的合作，合作必须建立在双方地位平等、利益均衡的基础上。若协同育人只强调一方的主体地位与利益，合作势必不能长效持久。

高职院校已普遍认识到校企协同育人是提高人才培养质量，提升学生实践能力与创新能力的有效路径，但由于长期受传统教育理念的影响，普遍存在着对校企合作的市场化认识不足，没有把校企合作放到市场经济中来认识和实践，在校企协同育人过程中更多考虑的是如何解决学生的实习实践岗位、改善办学条件、实现学术抱负，却忽略了企业在这一活动中的需求，因此企业的积极性不高，动力不足。所以，在校企协同育人的实践中，普遍存在"校企协同失灵"现象。

如何实现校企双方的互利共赢，克服"校企协同失灵"是选择企业最重要的问题。高职院校必须本着对学生负责，对学校可持续发展负责的精神，科学合理地选择企业。因为在校企协同育人中，合作双方资源与能力的异质性与互补性的程度决定了校企双方合作动机的强弱，任何一方的实力太弱，都会使另一方的合作动机减弱，合作就难以为继。因此，要探寻校企协同育人的实施路径，合理选择协同育人，企业是第一步。只有这样，才能实现合作双方互利共赢。其主要实施步骤有以下几个方面。

第一，对企业的技术实力与信誉进行调查，了解是否适合与其进行校企协同育人，能否提升学生的实践能力与创新能力。

第二，从企业的角度出发，调查企业的需求，分析校企协同育人能为企业提供什么服务。

第三，了解学校的优势资源，分析学校能为企业提供什么服务，提高学校服务企业的核心竞争力。

现阶段，新兴产业、科技含量较高的成长型企业代表着现代企业的发展趋势，它们迫切需求高技术人才，参与人才培养的积极性比较高。学校应与此类企业深入沟通、广泛合作，这有利于高职教育与先进科学技术保

持同步，有利于培养学生的专业实践能力与创新能力。

高职院校应认真、全面地研究分析此类企业对人才需求的特征，树立与其合作、为其服务的意识，积极为其培养人才，以此促进校企的深度融合。只有这样，学校才能为企业多方面的需求提供服务、做出贡献、创造价值。要尽可能地保证企业在协同育人中能得到相应的利益保障，调动、激发企业参与校企协同育人的动力。同时，要为学生提供参与生产管理与科研活动的机会，激发他们的创新意识，提升他们的创新实践能力与思维能力。

二、加强过程管理，为合作的长效运行提供保障

关于校企协同育人失败的原因，专家经调研认为，主要是校企双方合作教育的管理制度不健全和企业获利较少造成的。管理制度不健全反映了目前校企双方在协同育人中存在管理制度缺失或模糊的问题。要提高校企协同育人的有效性和合作效率，除了要考虑企业利益补偿外，还应该建立健全管理制度。

校企协同育人的建立与运行过程是一个起始于驱动机制、成长于沟通机制、归结于分配机制的有机过程。前期的准备充分，选择合适的合作方，是校企协同育人的起始，此时校企资源的优势互补、互利共赢只是一种可能。只有加强校企协同育人的过程管理，实现校企资源优势互补，才能促进科学、公正、合理的利益分配机制的形成，为合作的长效运行提供保障。

（一）建立畅通的信息交流渠道

在校企协同育人过程中，双方的信息交流极为重要，无论是学校还是企业，都认为在校企协同育人期间建立双方的信息交流渠道非常重要。资源的优势互补、互利共赢是一个动态过程，只有信息交流畅通，互相了解对方的需求，才能及时化解矛盾，使校企资源的优势互补、互利共赢的动态过程始终保持平衡。

（二）构建适合校企协同育人的教学运行和管理机制

要真正深化校企合作，必然会促进学校管理模式、教学体系的全面变

革。由于企业的生产经营与学校教学存在着各自的规律与特点，导致在校企合作期间难免出现时间上的矛盾冲突。为了解决校企合作的时间错位，高职院校应适应企业的生产经营特点与规律，突破传统的管理方式，建立适应校企协同育人的人才培养模式的教学管理制度，以减少企业负担，实现校企协同育人、协同发展的办学目标。

（三）采用集中—混合专业的实习教学管理模式

学校安排学生的实习实践教学大多是集中进行的，同一专业学生数量多，一般是几十甚至上百人同时出现在有限的岗位上，客观上使企业的正常生产受到影响与干扰，使得有意接纳学生实习实践的企业产生畏难情绪。由于企业具有丰富经验的指导教师的数量有限，学生很难得到有效的指导与实践锻炼机会，不利于培养学生的实践能力与创新能力。

在集中—混合专业的实习管理模式中，集中指的是一个合作企业接纳几十甚至上百的学生同时进行实习实践，混合专业指的是在同一合作企业的学生是由多专业组成的。其优点可体现在以下几方面：在同一合作企业有几十名学生进行实习实践，有利于学校进行监控与管理；不同专业的学生分散在不同岗位与部门，不会影响企业的正常生产，并有利于企业指导教师更好地了解学生，为企业的人力资源建设提供较全面的资料，获得合适的人才；企业指导教师有时间、有精力指导学生实习实践，学生的实践能力与创新能力更易得到提升。

三、调整优化课程结构与内容，使企业获得人才效益

对企业高层管理者的问卷调查结果显示，企业参与校企合作的最主要利益考量就是人才效益，以期获得合适、稳定的企业人才。人才资源是企业核心竞争力的源泉，但在企业招聘人才的一两次面试中，无法鉴定一名学生的综合素质。学生进入企业后，企业会有半年至一年的考察期，大大增加了企业的经营成本。而通过学生教学实习，企业和学生可相互了解、考察，显然比在短暂的笔试、面试中考察人才全面透彻得多。而且这些学生比较熟悉企业的工作流程与业务，不用进行岗前培训就能直接上岗，大大节约了企业的经营成本。但是，当前高职院校的人才培养存在着脱离实

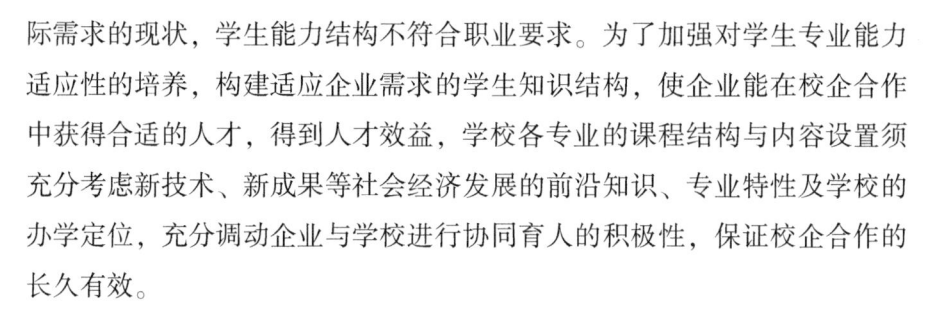

际需求的现状，学生能力结构不符合职业要求。为了加强对学生专业能力适应性的培养，构建适应企业需求的学生知识结构，使企业能在校企合作中获得合适的人才，得到人才效益，学校各专业的课程结构与内容设置须充分考虑新技术、新成果等社会经济发展的前沿知识、专业特性及学校的办学定位，充分调动企业与学校进行协同育人的积极性，保证校企合作的长久有效。

（一）将新技术、新成果等前沿知识纳入课程计划

随着科学技术的发展，新技术、新成果等社会经济发展前沿知识不断涌现，学校的教学内容常常滞后于行业发展，普遍存在"用昨天的技术培养明天的人才"的现象。因此，学校应积极与企业建立广泛的紧密联系，可以到用人单位进行调研，了解每一种专业所面对的各种职业对毕业生就业的任职要求，了解生产、科研中不断出现的新技术、新成果及社会经济发展前沿知识，将它们纳入课程计划，调整课程体系，使其日趋科学、完善，确保专业课程内容符合职业岗位要求。这种科学合理的课程体系不仅能使学生掌握本学科坚实的基础理论和系统的专门知识，还能掌握相关学科的前沿知识，促进学生合理的创新知识结构的形成及培养创新思维，有利于促使学生适应企业需求，激活企业参与产学合作的"内驱力"。

（二）根据专业的特性优化课程结构与内容

学校各专业的课程结构与内容设置须根据各专业对学生的任职要求，充分考虑专业的特性。对于要求毕业生须有一定的专业深度和专业能力，经过较强专业训练才能胜任，有较多从事技术含量较高、专业型的工作的专业，学校开设较高比例的专业课，以社会需求为导向，采取宽口径专业招生、窄专业方向培养的办学理念，尽可能地提升他们的专业化劳动生产能力，这样更有利于学生专业能力的培养，更符合用人单位的要求。

（三）充分考虑高职院校的办学定位

社会发展既需要科学研究人才，也需要应用型创新人才；既需要有专业水平和专业能力的人才，也需要跨学科混合型人才。因此，高职院校各专业的课程结构与内容设置应充分考虑学校的办学定位，加强培养学生专业能力的适应性。对于研究型学校，培养拔尖创新型人才是其首要目标，

其课程体系的设置应遵循"宽口径、厚基础、求创新"的理念，强调其知识的系统性与理论深度、学科自身的逻辑发展，拓宽学科基础，倡导学科交叉，把科学研究纳入课程体系，激发学生对科学研究的兴趣，系统培养他们的创新能力，以及发现、分析与解决问题的能力。对于应用型职业院校来说，其主要目标是培养高级应用型人才，学生需具备一定的专业知识与较强的实践能力。因此，其各专业的课程体系设置应以社会需求为导向，重视、强调教学内容的适用性与难度的适度性，着重培养学生的实践能力，提升学生的应用创新能力。

第三节 利益驱动的校企合作运行机制

一、校企合作的运行机制

运行机制是指在人类社会有规律的运动中，影响这种运动的各因素的结构、功能及其相互关系，以及这些因素产生影响、发挥功能的作用过程、作用原理和运行方式。校企合作运行机制的作用，在于协调影响校企关系中的种种主客观因素，它受到政府法律法规、社会经济文化等多方面的影响，并通过校企合作模式显现出来。目前，国际上存在两大类型的校企合作模式：一是以企业为主的校企合作教育模式，其代表是德国的双元制、英国的三明治工读制和日本的产学合作制；二是以学校为主的校企合作教育模式，其代表是美国的合作教育和俄罗斯的学校—基地企业制。由于校企合作的主体是学校与企业，因此，校企合作运行机制之间的不同特征，最终还是体现在合作双方微观操作层面上。这一点在我国目前的高职院校校企合作上体现得尤为明显。

（一）外部机制

导向机制、约束机制、激励机制是政府通过法律法规对校企合作进行干预的三种机制。导向机制主要是政府在推动高职教育过程中，通过明确的工学结合、校企合作的办学指导思想，建立政府主导的校企合作管理体系，引导校企合作发展方向，这一机制主要是形成于国家教育行政部门层面的行为。

约束机制与激励机制往往形成于政府在推进当地高职教育的过程中采取的政策行为。约束机制带有明显的强制性，有物质处罚的内容，对于区域内的行业企业、学校，强调其进行校企合作的责任与义务。一般而言，约束机制更多的是倾向于约束企业，促使企业参与职业教育的人才培养。企业是人才的消费者，因而应与学校一起承担人才培养的责任与义务。德国的双元制职业教育体系，就是在国家法律框架下的校企合作，这种约束已上升到了国家的政策层面。有专家认为，为了解决我国企业参与技能型人才培养积极性不高的问题，政府需要采取有力的行政干预。基于这种认识，近年来国内已有不少省市制定了相关的政策法规，对校企双方尤其是企业方参与人才培养的义务、权利进行了明确的规定。从纯粹的理论意义而言，约束机制是对校企双方的约束，实际情况是人们往往忽视对学校的约束。激励机制成为政府推动校企合作的重要法宝，地方政府通过政策扶持、专项投入、减免税收等举措鼓励校企之间进行合作。

基于外部因素形成的导向机制、约束机制、激励机制，对于推动我国高职教育校企合作有着重要作用。通过分析成功的校企合作案例可以看到，其背后都有这些强大的外部机制在支撑。但是，随着我国高职教育改革的进一步深化，这些外部机制所起的作用会越来越弱，特别是约束机制与激励机制，在市场体制越来越完善的条件下，政府干预行为要思考行政权力是否出现"越位"的问题，公共资源的倾斜也要有一定的限度。

(二) 内部机制

1. 利益机制

任何一种合作的内在动力都源于共同的利益，没有利益的驱动，合作不可能深入，更不可能长久，校企合作也不能例外。因此，校企合作首先要找到双赢的利益结合点，其次还要在自愿的基础上建立起不断扩大合作利益的动力机制。当前我国高等教育校企合作出现的"一头冷一头热"现象，根本原因是企业没有在校企合作中找到愿意为之付出的利益，本质上是缺乏有效的利益驱动。由于我国正处于产业升级与经济结构转型的阶段，企业扩充生存发展的空间，对于利益不明显或无利可图的合作，企业的参与度非常有限。同时，高端技能型人才培养的成本比较高，在市场经济条件下人才流动性也很大，企业投资参与职业教育未必能使自己直接获益。因此，如何挖掘双方对等的合作效益，建立协调校企合作良好关系的利益机制，成为解决校企合作的关键环节。

2. 平衡机制

校企合作建立在一定的利益结合点上，但这个利益结合点不应该成为学校、企业的终极发展目标。也就是说，学校必须履行人才培养、科学研究、社会服务、文化传承四大职能，校企合作一定程度上也是为了实现以上职能，因此，学校内部要建立一个目标发展的平衡机制。同样，市场体制下的企业，其主要目标是实现利益最大化，对于企业而言，校企合作必须从属于企业长远发展的需要，因此，企业也要建立一个目标发展的平衡机制。

3. 保障机制

校企合作的顺畅运行，需要完整的体系作保障，因此，要建立管理、评价、自我发展等保障机制。管理机制包括组织架构、规章制度、经费来源及使用等，必须建立相应的董事会或理事会，设立相关的职能部门，有专人负责，确立议事规则、行为准则。评价机制是衡量校企合作运行状况的一套标准，可以从合作的基础、合作内容、合作取得的成效等多方面拟定指标，对校企合作进行过程评价。自我发展机制指的是从保障资金、战略规划、开放合作等方面构建的持续发展体系。

二、构建利益驱动的校企合作运行机制

（一）转变合作观念

一是校企合作不能只从学校发展的角度去考虑合作，而应该立足双方的发展去思考合作，合作发展不是学校单方面的发展，应该是利益对等的共同发展，校企合作不仅仅是要完成学校育人的任务，同时也必须

使企业实现利润最大化，要与企业的经济利益直接挂钩。二是校企合作不能总是靠外部机制去推动，不是说外部机制就不需要了，外部机制的终极目标是激发内部机制的活力，因此，应该从社会的市场化调节机制来引导校企合作，真正确立市场化的内部利益动力机制，这才是校企合作深入的根本因素。三是校企合作有其自身的发展规律，其机制的建立健全是一个循序渐进的过程，没有把握其发展脉络而急于求成地盲目改革，结果往往会揠苗助长。因此，要深入研究其发展规律，在深入把握其发展规律的基础上推进校企合作。

(二) 打牢合作基础

要实现平等互惠的合作与交流，校企双方必须有一个共同的利益基础和发展目标，并在此基础上进行良性互动。从资源优势的角度而言，学校有人才、知识、信息、科技成果等资源优势，企业有生产技术、实践环境、资金设备、科技转化等优势，在校企合作的过程中，企业的优势很容易发挥，但学校的优势却很难体现，原因是学校普遍缺乏与企业进行深入合作的能力，学校不能给企业带来显而易见的经济效益，对企业帮助不大。正因为学校方面存在的合作能力缺陷，现有的校企合作多数只能局限于学校向企业提供廉价劳动力的方式。从这个意义上讲，高等院校必须以提高办学质量为核心，不断提高校企合作能力，建设一支能够为企业提供技术攻关、员工培训、科技成果转化等方面服务的教师科研队伍，培养出能够适应企业生产、服务一线要求的高端技能型人才，搭建服务于校企共同发展的信息、技术等各种共享平台。只有学校具备了上述合作条件，企业才会积极地参与合作，校企之间的利益机制才有可能建立，校企合作关系也才有可能更牢固、更长远。

(三) 解决关键环节

一是政府要培育良好的市场秩序。通过制度创新，从健全校企合作法律法规的角度，促进政府主导、行业指导、企业参与的职业教育办学机制的建立；通过政策创新，完善政府导向、约束、激励机制等校企合作外部机制；通过体制创新，引导建立市场条件下的第三方专业化组织，评估鉴定校企合作，并为校企合作提供信息咨询、政策分析、行业动态等服务；

通过机制创新，构建职业教育与行业企业的对话平台，研讨校企合作问题，寻找战略发展的结合点，探索校企合作的长效机制等。二是学校要强化为企业服务的市场意识。成立专业化团队，密切联系行业企业，深入研究行业企业市场动态，寻找学校与企业合作的利益结合点，研究制定学校为企业提供服务的发展方略，探讨校企合作过程中存在的各类问题并提出应对措施。探索与企业对接的市场运行机制在校企合作乃至学校改革发展过程中的应用，包括竞争机制、风险机制等。

总之，在市场经济体制下，要建立完善的校企合作利益机制，政府和学校是最为关键的因素，一旦政府建立了良好的市场秩序，学校真正提升了校企合作能力，受利益驱动的企业就会主动找上门来，这个时候利益机制起着主导作用，校企合作长效机制的建设也就水到渠成了。

第四节 协同创新理念的校企合作机制

一、校企合作运行模式

协同论认为，尽管系统千差万别，属性各不相同，但是在整个环境中，各个系统间有相互影响和协作的关系。协同创新理念下校企合作的协同模式包括目标协同模式、组织协同模式、体制协同模式等方面。

（一）目标协同模式

目标协同是校企合作协同创新得以顺利开展和良性循环的前提和基础。高职教育的目标在于为社会和企业提供高质量的技能型人才，满足企业的需求，提高就业率。企业的目标在于获取高职院校的创新技术支持，完成人才的培养和选拔，提升企业的经济效益，促进企业的全面发展。政府的目标在于推动产学研的全面结合，推动地方经济的发展。因此，要成立由高职院校、行业、企业三方共同参与的校企协同创新合作的工作委员会，对高职院校的培养目标、人才培养方案等提前制定规划，找到各个主体的利益结合点，明确目标，形成合力，有效提高各个主体的积极性，使校企合作得以顺利开展。

（二）组织协同模式

组织协同是校企合作协同创新的支撑平台。目前校企合作大多还停留在浅层的、松散的合作方式上，校企合作模式缺乏顶层设计，缺乏科学规范的管理办法，缺乏深层次的、长期的、紧密的合作方式。因此，要从培养目标、专业建设、服务企业等多方面出发，校企之间共同参与人才培养，共建实验室，进行深层次的长期的项目合作，使校企之间相互依存，共同发展。

（三）体制协同模式

体制协同模式是校企合作协同创新的制度保障。根据协同理论，建立校企协同、统筹规划、互相协调、自主发展的管理体制，使高职院校和企业在体制上相互依存，在资源上有效互补，在利益上实现双赢。因此，要加强校企合作的体制建设，明确各个主体的责任和义务，加强法律法规的建设，明确利益分配，使校企之间能通力合作，减少矛盾，建立长效可持续发展的合作机制。

二、校企合作策略

建立政府指导下以企业为主体、市场为导向、多种形式的产学研战略联盟，通过共建科技创新平台、开展合作办学教育、共同实施重大项目等方式，培养高层次人才和创新团队。根据协同创新的理念，校企合作协同创新要以企业需求为切入点，把建立健全管理体制当成顶层设计，建立以学校为主体，企业共同参与培养目标、教学改革、实践基地等建设，提高人才培养质量，推动社会经济的全面发展。

（一）借鉴国外经验，建立有效的校企协同创新合作模式

近年来，校企合作作为一种重要的创新模式，推动了科技、教育以及经济的发展，其重要性已成为很多国家的共识。我国高校从20世纪90年代开始积极开展各种校企合作，并取得了一定的成效。但是与发达国家相比，还存在着较大的差距。我们要借鉴国外先进经验，立足我国的经济特

点，把握校企双方的利益契合点，实现优势互补，保证校企合作办学的成效，推进我国校企合作协同创新的发展。

（二）校企协同创新，共建持久的校企合作办学机制

建立健全完善的校企合作办学机制是校企合作顺利进行的关键。健全持久的校企合作办学机制，不但能够发挥高职院校在人才培养过程中的主体地位，更能增强企业共同培养人才的意识。根据高职院校办学条件和社会对专业人才的要求，校企共同制订培养计划，共建师资队伍，共建评价体系，把高职院校的科研优势、技术优势和企业成熟的市场优势充分结合，取长补短，展开全面、系统的合作，培养出有宽厚的基础知识、实践能力强、适应企业实际需求的人才。

（三）协同制订人才培养方案，提高人才培养质量

提高人才培养质量是高职教育的重要目标。校企双方共同制订创新人才培养方案、课程体系和教学内容，共同实施培养过程、评价培养质量，共同建立实践基地。制定切合企业实际的人才培养目标，可以充分发挥校企双方的资源优势，调动企业参与人才培养的积极性，在理论联系实际中促进对学生能力的培养，引导学生提前进入职业角色，实现学校、企业、学生与社会共赢的人才培养新模式。

（四）注重实践教学，全面提升学生的实践能力

在就业竞争日益激烈的形势下，为了使高职院校培养的学生符合企业的要求，适应市场化的经济体制，需要校企双方共建实践教学基地，全面提升学生的实践能力，校企共同发展，以达到双赢的目的。加强实践教学，可以从以下几个方面进行改革：高职院校要因地制宜地和企业达成实习、实践基地建设协议，建立高水平的校外实践基地。在校学生可以到企业进行生产实习，提高专业实践技能。企业也可以走进校园，全方位参与学生的实践教学。高职院校教师和企业技术人员可以相互兼职，实现优势互补，将高职院校的教学内容和企业的技术互相融合，使学生有机会接触学科发展前沿，把握科技发展趋势，掌握工程实际生产流程，培养既能注重理论基础又强调实际动手操作能力的合格人才。

第五节　校企合作的共容利益机制

一、校企合作共容利益主体利益诉求分析

校企合作办学是一种基于以市场和社会需求为目标导向的校企共同培养人才的方式，学校与企业都是人才培养的主体，也是实现共容利益的关键。

（一）高职院校利益诉求分析

社会组织可分成互利性组织、营利性组织、服务性组织和公益性组织，社会组织的行为都取决于其最大利益这个根本需求动机。虽然普通高职院校属于公益性的社会组织，但同其他利益组织一样，能够长期存在就是其最大的利益。

随着我国教育体制改革的不断深入和办学能力的不断提升，我国高等教育规模已成为世界第一，实现了从精英教育到大众化教育的转变，高等学校也步入了竞争行列，主要体现为在争夺办学资源和争取办学效益方面相互超越。与普通大学相比，高职院校在学校声誉、教学资源、生源等方面往往处于劣势，学生的就业竞争力、学校的科学研究实力及社会服务能力显得"先天不足"，要想在竞争中取得长远生存与发展机会，提升教育教学质量、提高学生的就业率与就业质量、建立竞争优势就显得越来越重要。

当今，越来越多的高职院校采用校企合作，甚至是订单式人才培养模式。校企合作培养模式不仅可以提高学生的实践能力与创新能力，实现高等教育与产业、企业、岗位需求的对接，培育学校的核心竞争力，同时在达成培养目标时还可降低学校的办学成本。

校企合作充分利用企业的教学资源，实现校企双方的资源互补，有利于降低学校培养的总成本，这也是校企合作的根本驱动力。校企合作越紧

密，合作越成功，则学生的就业率与就业质量就越高，学校的竞争能力与生命力也就越强，越能长期存在与发展，反之亦然。

（二）参与校企合作企业的利益诉求分析

企业是典型的营利性组织，其根本目标是追求自身经济利益最大化，其参与校企合作的努力程度与积极性高低，取决于合作行为是否有助于企业利益最大化目标的实现。校企合作企业可通过下列途径实现利益：一是承担部分学校理论教学或实训实习等实践教学任务，直接获得学校支付的报酬，包含劳务费、资源占用费与利润等；二是学生的顶岗实习可以减少或顶替部分正式员工，节约企业人力资源成本；三是利用学生在企业实训实习中增加了了解的机会，不仅有利于企业招聘到更为优秀的员工，为企业创造更大的价值，而且可以提高员工对企业的忠诚度，降低离职率，减少招聘与培训成本；四是校企合作加强了校企之间的交流，有利于将高职院校的理论与技术成果应用于实践，提高企业管理水平，带来一定的经济效益；五是企业参与人才培养，为企业带来较好的社会声誉与影响，提升企业的核心竞争力。

虽然校企合作办学能给企业带来利润的途径很多，但目前企业参与校企合作的积极性普遍不高。以企业为学生提供实习机会的合作为例，企业通常不进行合作办学投资或投资很少，学校直接支付给合作企业的培养经费较少；学生的顶岗实习虽然可以节约企业人力资源成本，但对于技术较为复杂的岗位，学生在短时间内难以掌握，有可能降低产品质量，增加产品损耗；同时，企业还须承担学生安全管理的责任与风险，在本企业实习的优秀学生不一定能在本企业就职或长期工作，企业承担社会责任带来的良好声誉在短期内可能收效甚微。通过校企合作，学生培养质量的提高不一定给企业带来更多的利润，但学生培养质量的降低，甚至失去合作办学的机会，企业的直接损失或机会损失也非常有限。因此，企业可能与高职院校不存在共容利益，企业不一定是合作办学的共容利益主体。

二、校企合作办学共容利益机制构建

校企合作成功与否，关键在于企业能否真诚参与，学校如果能够从企业利益出发，建立了合作办学共容利益机制，就能从制度上防止共容利益主体狭隘化与搭便车行为。

（一）建立校企合作的企业收益保障机制

如果校企合作给企业带来的利润总量过小甚至为负，企业就会放弃校企合作或对校企合作缺乏动力。学校在全面核算企业参与专业人才培养的成本，能够保证直接支付给企业的费用能让企业的投入带来较为满意的利润总量与利润率，使企业合作培养收入与其承担的工作量成比例。结合双方的优势与特长，双方要制定超过培养目标的最低培养成本的教学任务分配方案。

（二）建立校企合作的风险共担机制

由松散型合作转变为紧密型合作，如股份型校企合作、校企实体合作、基地型校企合作等，双方共建合作机构、合作实体、人才培养基地、合作基金或奖励基金等多种模式。企业在校企合作中要进行一定量的投资，才能与学校形成风险共担的利益共同体。如果企业在协作中专门为校企合作添置、更新了实训设施，设立了学生活动基金，建立了教学用项目库、案例库，校企双方共同投资建设实践教育中心，那么一旦校企合作失败，企业的投资将难以收回，导致较大的投资损失。在这种情况下，企业对合作的成功与否就会非常关心。

（三）建立校企合作的企业准入机制

校企深度合作培养过程是企业生产经营和学校人才培养相互渗透的过程，学校如何选择合作企业直接关系到校企合作的深度与合作成效。学校应根据合作培养专业的特征，制定校企合作的行业企业准入标准，选择与学校开设专业能够互补、对接和互为需求的企业。

（四）建立校企合作的考核机制

校企双方应共同建立教学质量监控考核管理专门机构，负责企业导师的遴选、校企合作考核制度的制定和考核评价指标体系的设计，负责对教学过程和各个环节的质量跟踪、监控、评估、管理和服务，形成"专业评教、教师互评、学生评教"三位一体的教学评价体系，实现对教师、合作企业的适时考核、全程评价，防止共容利益主体偏离积极合作，而出现偷懒与搭便车的现象。

（五）建立校企合作的企业竞争机制

根据专家的研究成果，共容组织随着时间延长具有演化成狭隘组织的倾向，并最终完全成为狭隘组织。随着办学规模的进一步扩大，学校需要在建立校企合作的基础上，引入合作办学竞争机制，并适时调整合作企业的合作规模，既可防止只与一家企业长期合作带来的垄断行为，导致共容利益狭隘化，又可提高合作企业的竞争与风险意识，提升合作办学活力。

第六节 基于组织社会学的校企合作育人

一、合作育人困境生成机制

（一）非对称的资源依赖

根据合作双方资源或技能的差异，商业组织的合作与联盟大多可分为规模型战略联盟和链式战略联盟两种类型。前者是指各个组织提供相同的资源或技能，通过合作增强彼此的实力，如共同研发和生产新产品，开拓新市场等；后者是指各个组织提供具有互补性的资源或技能，通过链接式的组合弥补单个商业组织在某些领域、资源和技能上的劣势。

从某种意义上说，这种界定同样适用于校企合作的结构关系。就当前的情况看，校企合作育人更多的是一种链式的战略联盟，即高职院校和企业在资源配置上存在很强的互补性，高职院校寻求的是企业能为人才培养提供教学实践场所，以提高学生的创新精神和实践能力；而企业的发展需要高职院校提供高素质的后备人才、科研成果转换以及企业员工的进修和培养等。因此，高效整合这些资源对校企合作的顺利进行具有重要意义。从这个意义上说，学校能否与企业展开有效合作在很大程度上取决于学校资源配置的现状，只有当学校自身所具备的资源足以令企业对其产生依赖感，企业才会愿意通过资源互补的合作方式与学校建立合作关系，校企合作才具有可持续性,校企合作共同提高人才培养的质量才具有可行性。当双方的资源依赖结构呈现较为严重的非对称状况时,即当学校在人才培养的过程中对企业的资源依赖性很强而企业对学校的资源依赖性却较低时,那么学校提出合作的要求往往会面临一系列的困境。在现实中也是如此,许多学校在校企合作时都表现出处于非对称资源依赖结构中的无奈。虽然大家都清楚学生实践能力的提高离不开校企深度合作,但是学校希望企业能参与人才培养全过程,如人才培养方案的制订、课程建设、师资队伍、实习实训、暑期社会调查、毕业论文指导等。然而,企业作为校企合作的主要承担者对合作的参与积极性不高,企业需要的是现实的经济效益,若不能从参与校企合作中获得大于所付出成本的利润,那么可预期的亏损使得企业对参与校企合作望而却步,造成校企合作"学校热、企业冷"的困境。目前,我国大多数的校企合作都存在合作面窄、合作形式单一、没有覆盖到人才培养的各个环节,缺乏长久、稳定的合作基础等问题。如何改善学校与企业之间的这种非对称的资源依赖结构,加强企业对学校的资源依赖性,是进行校企合作必须解决的重要问题。

(二) 合法性分析

校企合作育人需要在学校和企业这两个不同的合作主体之间建立一种合法性认同,只有双方在合作的目标、方式、内容和形式等方面达成共识,校企合作才具有较高的有效性。合法性不仅仅是指法律制度的作用,而且包括了文化制度、观念制度、社会期待等制度环境对组织行为的影响。在组织社会学的制度学派看来,组织之间的合作能否顺利开展,在很大程度上取决于双方能否建立起一种合法性认同。每个组织都不仅处于技术环境中,同时也处于制度环境中,技术环境要求组织有效率,即按最大化原则组织生产;制度环境则要求个人不断地接受和采纳外界公认和赞许的形式、做法或"社会事实"。

根据校企合作的现实,企业与学校进行合作时首先会判断双方合作行为是否合理,一旦双方认同了合作行为的合理性,达成了"合法性认同",合作行为就有可能进一步实施。在校企合作中,学校一方往往会提出给企业一方提供所需的服务,使其产生合作和互利的意识,如按企业的需求建立了课程模块，对该企业员工进行培训，从而建立校企之间的良好的情感和交流机制，为其他合作内容的开展创造条件；聘请有一定理论水平、勤于思考的企业高管做兼职教师，提升他们的荣誉感和社会责任感，进而调动其参与人才培养的积极性；与企业共同组建实习和研发基地、实现资源和信息共享，建立产学研用联盟等。只有当校企合作行为在客观上确实能增进双方的利益，学校和企业对合作建立了充分的认同时，双方的合作行为才能长期持续下去。只有当外部制度约束和内在效率激励得到平衡且兼顾到校企双方在认同的合法性与合理性上的一致性时，才能实现校企合作的真正生成。然而从校企合作现实来看，校企合作的外部制度存在着制度缺失，而合作双方的理性选择也存在着需求压抑的问题，特别是学校和企业两个合作主体间"学校需求强，企业愿望弱"的非均衡地位一直是造成这种合作困境的重要原因。要解决这一困境问题，不仅需要政府在制度上给予适当的政策支持，学校也需要充分了解企业的利益需求，从而使校企合作取得"合法性共识"。

（三）协商性交换难题

高职院校和企业之间存在资源共享和资源整合的需求是双方合作的基础，在许多情况下，要满足这种需求，就必须在校企之间建立起一系列资源交换。在市场条件下，企业间资源交换依赖于市场机制进行，存在着明确的交易制度和较为清晰的定价制度；而校企合作中的资源交换更多的是依赖于社会性特征较强的协商机制，我们称为协商性交换。在协商性交换中，学校和企业之间在信息、资源的付出与收益的回报上存在着不同步的现象，具有一定的延时性，而且在很大程度上作为信息、资源付出的一方，获得的回报往往只是一种可能性或预期。因此，在现实情境中，企业面临着获得有用的人才回报的延时性，以及研究成果转化为经济收益、获取社会效益的不确定性，加之在协商性交换过程中，学校和企业在双方如何共享信息、资源，在合作中如何分工等一系列问题上面临着许多结构性的困难，在如何平衡双方利益分割的问题上也缺乏有效机制和标准，如果不能有效地解决这些复杂问题，校企之间的合作就会陷入困境。因此，校企合作中协商性交换过程的困境是由于学校和企业作为理性的合作主体在相互协商过程中无法达成共识而产生的。

（四）规则构建的复杂性

按照组织社会学的观点，学校和企业虽都属于正式组织，但分属不同的关系体系，双方掌握着不同的资源和信息，各自遵循的规则也有所不同。在校企合作育人的现实情境下，双方在通过资源共享和资源整合获得彼此的利益需求过程中，在原则、对策、人力、场所等方面难免会出现交换或交易。为了能够有效地合作，学校和企业都会试图使资源的依赖关系朝着有利于自己的方向发展，都试图通过对合作的规则进行操纵，努力为自己创造更多可供选择的解决方案，减少自己的可替代性。在合作过程中，使对方建立起对自己的依赖性，充分发挥自身能动性，并不断地影响他人，这样一个规则构造的过程是一个比较复杂的沟通、交流过程。在这个相互作用的转换过程中，一方面需要双方对合作进行"意义建构"，即合作的规则必须建构在人们共同接受的基本理念规范之上，另一方面还需要使对方建立起对自己的依赖性。在校企合作的过程中，学校要获得企业积极的配合，就必须掌握一些对于企业来说很关键的资源，能够提供给企业所需的智力支持和技术支持等。只有这样，企业才会对学校建立起一种依赖性关系，学校才能有改造合作规则的可能，从而避免陷入合作困境。当然，这对学校一方的硬件条件、政策支持、师资力量以及所培养的学生的素质和能力也提出了很高的要求，需要学校充分发掘出自身的优势和企业的需求。只有当对合作企业的运行状况非常熟悉，并且通过各种方式去沟通，让企业意识到对方的重要性，使之产生依赖感，才能保证校企合作的确定性和持续性。

二、基于组织社会学的校企合作育人

（一）校企合作育人困境生成因素

第一，通过资源依赖结构分析发现，非对称资源依赖关系是导致校企合作困境生成的重要因素。

第二，通过校企合作的合法性分析以及"协商性的交换"难题的分析发现，学校和企业充分地展现各自所具备的理性选择特征，这两个过程中发生的合作困境，可以理解为校企双方在横向协商过程中无法达成共识的结果。

第三，在合作规则构建的环节，合作规则的形成受到了学校和企业交互性策略的影响，显现出高度复杂性。

这些因素在校企合作育人困境生成过程中紧密联系，相互交织，共同构成了一种复杂的校企合作困境生成机理：校企之间由于外部客观环境和制度造成的不对称资源依赖关系，导致学校在和企业的横向协商交换的过程中陷入合作的困境。当面临困境时，学校和企业为了寻求合作中的优势地位，就会围绕原则、对策、人力、场所等规则展开沟通、交流和互动，进而在更深层次上产生新的合作困境。

（二）组织社会学为困境分析提供新视角

组织社会学为分析校企合作的困境提供了新的视角，也为进一步推进校企合作育人提供了理论支撑与实践指导。学校和企业应该站在未来长期高质量发展的角度，以培养学生的实践能力和创新能力为根本，寻找与把握校企战略性合作的价值和利益平衡点，建立基于校企共同发展的动力机制、基于互惠多赢的利益驱动机制、基于校企合作的保障机制以及基于优势互补的共享机制，因此，仍有很长的一段路要走。

第七节　基于双赢文化视角的校企合作育人

一、双赢合作模式概述

（一）主要概念

双赢一词的内涵，可以从两个方面进行解读：一是在结果上，双方都觉得自己赢了，都是赢家；二是在过程中，双方都感觉良好，都有再次合作的意愿。具体来说，可以从两个角度来对双赢合作的内涵进行解读：第一，校企合作是教育部门与产业部门这两个相对独立部门之间的合作，这种合作是建立在社会分工日益精细和科技水平日益提高的基础上的，这种合作既要遵循教育发展规律，也要遵循经济发展规律；第二，校企合作是一种校企双方互动的行为，它建立在校企双方彼此需要的基础之上，是校企双方各自发挥自身优势、相互支持、相互促进并最终达到利益共享的一种模式。

（二）理论依据

1. 教育与生产劳动相结合理论

马克思、恩格斯高度重视教育与生产劳动相结合的作用，马克思曾明确指出，教育与生产劳动相结合不仅是提高社会生产的一种方法，而且是造就全面发展的人的唯一方法。结合当前时代背景来理解马克思主义教育与生产劳动相结合的理论，生产劳动指的是现代机器大工业生产劳动，是物质生产劳动，教育指的是家庭以外的以学校教育为主的社会教育，教育与生产劳动相结合是指建立在现代机器大工业生产基础上的现代教育与现代生产劳动相结合，这种结合不仅包括科学技术、文化知识与物质生产劳动的结合，也包括物质生产劳动要能够创造精神财富。实践证明，马克思主义教育与生产劳动相结合的理论很好地解决了理论与实践相脱节的问题，既有利于社会生产的发展，也有利于受教育者综合素质的提高。这一理论在中国的改革实践中得到了创造性的继承和发展。我国高职教育将其基本原理与中国具体情况紧密结合，现代学徒制提出了一系列适合中国国情的职业教育发展目标和人才培养模式，推进现代学徒制校企合作即是其中之一。

校企合作虽然不能简单地等同于教育与生产劳动相结合，但这一模式无疑是应用该理论的典型范例。随着社会生产力水平的不断提高，生产劳动过程对科学技术、文化知识水平的要求也越来越高，这使得学校和企业本来属于两个不同社会生产系统的独立部门之间的关系越来越密不可分。教育承担着传递科学技术和文化知识、培养具有一定知识和技能水平的劳动者的重要使命，劳动者可以通过教育学到现代科学技术和文化知识，学会运用科学原理来解决生产过程中遇到的实际问题。学校与企业的深度合作，既可以使在校学生得到有针对性的技术训练，又可以使生产劳动得到科学理论的有效指导；既有利于学校教育质量的提高，又有利于增强企业的市场竞争力，进而推动社会生产力的发展。

2. 博弈论

博弈论就是研究互动决策的理论。互动决策是指各行动方的决策是相互影响的，每个人在决策时必须将他人的决策纳入自己的决策考虑之中，同时需要把别人对于自己的考虑也纳入考虑之中，如此进行决策，选择最有利于自己的战略。通俗地讲，博弈可以理解为某个组织或者个人在一定的条件和规则的约束下，依靠各自所掌握的信息，选择并实施各自所倾向的行动或者策略，并从中取得相应收益的过程。根据这样的理解，博弈论至少要具有三个要素：一是在一场策略互动中必须有参与者；二是每个参与者都必须有可以选择的几种策略或者行动；三是每个参与者在各种决策下都会获得相应的利益，也称为得益。

运用博弈论相关原理来分析我国现代学徒制普遍存在的校企双方"一头热一头冷"的现象，可以这样理解：学校和企业作为校企合作中的博弈双方，当学校或企业中的任何一方行为主体进行决策选择时，都会受到另一方行为主体选择的影响，同时，也反过来影响另一方行为主体的决策选择；校企合作实际上是校企双方各自利益的博弈过程，只有寻找到校企双方共同的利益结合点，建立一种校企双方互惠互利的双赢模式，让企业也能从校企合作中获得其期望的利益回报，企业才能做出积极参与校企合作的决策选择。

3. 系统论

系统论认为，整体性、相互关联性、动态平衡性等是所有系统的共同特征，其核心是系统的整体性。贝塔朗菲运用亚里士多德的名言"整体大于部分之和"，来反驳机械论的只要各要素性能好，整体性能就一定好的观点。贝塔朗菲还强调指出，任何系统都是一个有机的整体，系统的整体功能不等于各部分的简单相加，而要大于各自功能的总和；系统中的各个要素都不是孤立的个体，各要素之间彼此关联，共同构成一个不可分割的有机整体。

系统论的出现使人们的思维方式发生了深刻的变化，它不仅为研究现代科学提供了理论和方法，而且因其原理反映了现代社会生活日趋复杂的特点，为分析解决现代社会中的种种复杂问题提供了一种有效的方法。

在基于双赢文化视角的校企合作模式中，学校和企业作为一个整体系统的组成部分而存在，二者通过协调工作、合作发展，可以整合人才、资金、设备、技术等各种资源，使学校和企业实现有价值的交流和对接，进而发挥系统的整体功能，实现校企双方的互惠互利。这种整体的功效，绝不是依靠单一的学校个体或是单一的企业个体所能达到的。具体来说，通过校企合作将学校的人才培养方案与企业的人才培养需求紧密结合，依据市场变化和企业需要来进行专业与课程设置、双师型师资队伍建设、"校中厂、厂中校"的环境建设、企业员工培训的有效开展、科技研发项目的合力攻关等，本质上遵循的都是系统论基本原理的要求。

4. 人力资本理论

人自身拥有的有用的知识与技能也是一种资本，这种人力资本比物质资本更能促进社会经济的增长。人力资本理论诞生之前，人们对资本的理解往往只局限于物质资本，人力资本理论首次将资本划分为物质资本和人力资本两种。该理论认为，物质资本是指体现在物质产品上的资本，包括厂房、原材料、设备、土地、货币等；人力资本则是体现在人身上的资本，即对生产者进行普通教育、职业培训等支出和其在接受教育的机会成本等价值在生产者身上的凝结，是蕴含于人身上的各种生产知识、劳动与管理技能和健康素质的存量总和。根据这一观点，人的生产能力的形成机制与物质资本是一样的，人们在把大量资源持续投入生产以制造出各种市场所需商品的同时，也在不断地采取各种形式来提高人的素质以期形成越来越高的生产能力。

该理论还认为，人力资本的核心在于提高人口质量，而教育是提高人口质量最基本的手段，教育投资是人力资本投资的主要内容，学校教育、成人教育、在职人员培训等都是人力资本投资的重要方式。随着科技的进步和社会的发展，技术水平、知识程度高的人力所带来的产出与技术程度低的人力所带来的产出的差距越来越明显。因此，从长远看，人力投资的经济效益要远远大于物质投资的经济效益。

该理论认为，教育在人力资本的形成和发展中起着重要作用，教育投资是人力资本投资的主要方式，这一观点也为当前校企合作的开展提供了坚实的理论基础。伴随着转变经济增长方式对人力资本积累提出的新需求，基于不同的利益考虑，校企合作业已成为教育部门和产业部门适应社会变革的必然选择。对职业院校而言，要培养出适合劳动生产需要的，既有知识又有技能的高素质技能型人才，就必须将校企深度合作纳入本校的人才培养方案中，因为加强与企业的合作是培养学生实践能力的最佳途径。对企业而言，高素质技能型人才的拥有和储备情况已经成为影响企业生存和发展的关键因素，为了不断增强企业的发展潜力，企业也应该积极主动地投身到校企合作中来，直接参与学校的人才培养工作，甚至可以参与学校的教育决策，与学校共同培养、培训适合本企业生产需要的实用人才。

二、校企合作模式的主要类型

经过近几年的探索与实践，现代学徒制校企合作模式在我国的发展已初见成效，合作的形式在日益丰富，合作的领域也日益扩大。下面主要从五个方面列举出当前比较有代表性的校企合作模式，以便更好地分析其中存在的问题，并进一步探究如何构建科学有效的校企合作双赢模式。

（一）学工交替模式

学工交替是一种将理论学习过程与实习、实训过程交替进行的校企合作模式，理论学习主要在学校进行，实习任务主要在企业完成，实训场所包括校内实训室和校外实训基地。对学生来说，这种模式使他们走出了纯理论学习的课堂，以员工身份进行的实践学习可以促进他们在工作实践中快速成长，学生角色与员工角色的交替也使他们的学习生涯与日后的职业生涯紧密连接，便于他们毕业后尽快适应工作岗位。学工交替模式把职业教育人才培养的课堂从普通教室扩展到生产现场，强化学生的职业技能，体现了职业教育的实践性、开放性、职业性的要求，因而成为职业院校常用的一种人才培养模式。学工交替模式的运行方法如下。

新生入学后，第一学期到企业去感受、学习、实践，由企业负责对学生进行入学思想教育和专业指导;第二学期在学校学习理论知识;第三学期到企业进行顶岗实习;第四、第五学期再回到学校继续学习理论知识;第六学期又到企业中去,进行毕业实习并完成毕业设计。按照这种方法运行学工交替人才培养模式,学生三年学习时间的一半要在企业度过,这就为学生实践技能的强化提供了时间上的保证,那些对技术水平要求较高、必须经过较长时间的实践操作才能掌握的专业多采用这种方法。例如,邢台职业技术学院的服装设计与加工专业就是按照这种方法运行学工交替模式的。除了这种运行方法之外,学工交替模式在具体的操作过程中还衍生出了多种形式,比较典型的有"2+1"模式和"1+1+1"产学合作教育模式。"2+1"模式是指三年的高职教育中,前两年以学校教育为主,第三年以企业实践为主,人才培养方案由学校和企业共同研究制订。这种模式通过"2"与"1"两个阶段、两个育人主体各有侧重的培养教育,使学生在掌握理论知识的同时,职业技能也得到有效锻炼。"1+1+1"产学合作教育模式是将三年的高职教育划分为三个阶段:第一年为第一阶段,以学校教育为主,学生主要在学校学习公共课和专业基础课;第二年为第二阶段,以学校教育为主,企业培养为辅,学生在学习专业必修课、专业选修课的同时,完成一定的实习实训任务;第三年为第三阶段,以企业培养为主,学校指派教师对学生进行的管理只起辅助作用,学生被分到企业进行毕业实习,边工作边学习,领取实习工资并享受相应待遇。

良好的实习实训场所和设备是运行学工交替人才培养模式的重要保障,因此,近几年很多职业院校都大力加强了校内外实训基地的建设,为完成实践性教学任务创造条件。实训基地的建设体现在校企合作方面,主要是两种方式:一是学校利用企业资源建立校外实训基地;二是企业根据学校的要求提供教育资源,投入设备或资金帮助学校建立校内实训基地。目前,高职院校学生的实习任务大多是在校内实训基地完成的,也有一些院校将毕业实习与学生就业联系在了一起,实行顶岗实习准就业,让实习学生以准员工的身份顶替在岗工人工作,使学生和企业零距离接触,毕业后直接成为企业需要的人才。对企业来说,经过系统教育的学生在实训基地实习,可以为企业提供较高素质而又廉价的劳动力,也有利于企业通过对学生的实习考察发现和储备所需人才。例如，海尔集团与河南职业技术学院签订的校企合作协议中就包括了实习实训基地建设的相关内容，是实行校企合作的成功范例。海尔集团在河南职业技术学院成立了海尔服务中心培训基地，同时为该校提供相关设备、产品资料及企业网络系统使用方式等，还定期接受该校学生到海尔集团顶岗实习。

（二）教学工厂模式

为了使教学内容更加切合企业实际需求，很多高职院校都成立了校外专家顾问委员会、专业建设指导委员会、实习指导委员会等，引企入校参与到教学管理中来。具体来说，就是院校聘请企业的顾问、专家、有经验的一线专业技术人员及管理人员参与研究和制订学校的人才培养目标、教学计划、课程设置。有的企业专家直接兼任学校教师或在学生实习过程中进行现场教学与指导，参与完成与企业结合紧密的那部分人才培养任务。不管是成立上述各种委员会，还是聘请企业专家直接参与教学管理过程，其初衷都是将校企双方的合作落到实处。但从实际情况看，这些做法却是形式的成分多、实质的内容少，其合作效果与预期目标尚有相当距离。从合作层次来看，这些做法还属于浅层次的合作形式。为了在教学管理中实现校企的深层次合作，有的职业院校在借鉴新加坡教学工厂模式的基础上，结合自身情况，引企入校组建了凸显本校专业特色的教学工厂。教学工厂模式逐渐成为校企双方在教学管理方面进行深层次合作的主要模式。

教学工厂模式是一种将企业的生产环境引入学校，生产环境与教学环境合二为一的现场教学模式。教学工厂既不同于学校的模拟实验室，也不同于企业的生产车间，而是一个由学校和企业合作运营的、符合现代企业要求和技术教育要求的实体，是一种集教学、生产、培训等功能于一体的教学组织，是实施教学工厂模式的载体。教学工厂模式的主要特征是：学校和企业都身兼双重身份，学校既是学校，又是以教学为主导的企业，企业既是企业，又是可以承担教学任务的学校；学校、企业都是教学工厂的组织主体，由学校、企业等相关部门代表组成的董事会为教学工厂的领导机构；学校的教学人员和企业的工作人员实行交叉任职、双岗双责；教学工厂中使用的教学大纲与现代企业要求相适应，教学过程按照职业实践过程来设计并在工作环境中展开。

教学工厂模式将学校教学与企业生产、产品研发等融合在一起，保证了教学活动和生产活动在时间、内容、目标等方面的协调统一，实现了教学管理的企业化、教学过程的工作化和教学环境的工厂化，凸显高职教育实践教学的特色，为学生提供了一个更有效的学习方式，便于学生学以致用，对学生创新能力和团队意识的培养也能起到积极作用。

（三）技术服务模式

技术服务模式是高职院校结合地方经济发展实际、发挥自身资源优势积极为企业提供技术服务的校企合作模式。根据企业需要对企业员工进行培训，是目前高职院校为企业提供技术服务的主要方式，这种培训一般是由企业聘请相关教师、由高职院校统一安排、受聘教师应邀到相关企业对员工进行培训，也有一些企业会在条件允许的情况下选派员工到高职院校接受培训或继续教育。此外，有的企业还会聘请高职院校专业教师到企业担当技术顾问，为企业提供咨询，为员工提供现场技术指导，帮助企业解决生产与管理中遇到的一些问题。技术服务模式的有效实施是调动企业参与校企合作积极性的一个重要方面，有利于学校发挥自身优势，充分利用教学资源。同时，由于企业员工的知识层次和技能水平参差不齐，承担培训任务的教师需要具有较高的授课水平和应变能力才能胜任，这对很多师资力量不够雄厚的高职院校来说是个不小的挑战。

（四）教学—科研—开发三位一体模式

开展项目研究是促进教师自身专业成长的重要途径，是学校师资队伍建设的重要内容，也是营造校园浓厚学术氛围的重要方式。高职院校的教师能够有较多机会深入企业中去，也因而有较多便利接触到企业生产经营实践中出现的一些问题，并从中发现与自己专业相关的课题研究方向；企业的专业技术人员，在总结自己的实践经验或创新成果时，也需要学校教师帮其提升理论水平，这就为校企合作共同开展项目研究提供了可能，也为教学—科研—开发三位一体模式的实施搭建了平台。

教学—科研—开发三位一体模式是一种较深层次的校企合作模式，在这种模式下，学校针对企业发展的需要设定科研方向，企业也积极向学校投资，校企双方建立一种利益共同体的关系，共同进行项目研究并将研究成果转化为产品、技能或决策。这种模式下成立的项目研究小组，其成员既有高职院校教师，也有企业专家或技术人员，大家合理分工，各自发挥所长，共同创造研究成果。在开展项目研究的过程中，学校教师还可以通过与企业专家或技术人员的密切交流和对企业进行的实地调研，获得有关企业经营发展的最新资料，将这些资料充实到课堂教学中可以增强教学内容的针对性，进而有效提高教学效果。这种通过校企合作的方式开展的项目研究，其研究方向从企业中来，研究成果也需要回到企业中去，因此，最终的研究成果能否真正落实到企业的发展创新活动中并提高企业的整体经济效益，是衡量这种合作模式运行效果的重要标准。

第七章

高职教育校企合作共建创新平台

第一节　校企共建创新平台的理论基础

一、产学研合作理论

合作是社会互动的一种方式，是指个人或群体之间为达到某一确定目标，彼此通过协调作用而形成的联合行动，而且参与者须具有共同的目标、相近的认识、协调的互动、一定的信用，才能使合作达到预期的效果。合作的主要特征是行为的共同性、目的的一致性，甚至合作本身也可能变为一种目的。

（一）合作创新理论

合作创新理论是指企业之间或者企业、研究机构及高职院校之间的联合创新行为。合作成员只要在创新过程中的某一阶段参与，即可认为是合作创新。合作创新通常要求合作伙伴有明确的合作目标、合作期限和合作规则，合作各方在技术创新的全过程或某些环节共同投入、资源共享、共同参与、优势互补、利益共享、风险共担。

1. 合作创新的特点

合作创新的特点主要有：事前交易、信息不对称、收益滞后且不确定性高、创新资源和创新活动的界面不清晰、价值观冲突、学科矛盾等。

2. 合作创新的主要形式

（1）技术供需合作。合作对象为技术供给方和需求方，一般而言，技术供给方为学校、科研院所或国外企业，需求方多为应用该技术的企业。

（2）原料、配件和加工合作。创新产品所需的材料、配件，特别是一些特殊材料和配件往往需要外部协作提供。

（3）产销合作。生产企业和销售企业合作开拓市场，有利于新产品的销售。

（4）竞争合作（竞争者或潜在竞争者之间的合作）。竞争合作一般在同行企业间进行，竞争者之间的合作可以大大增强合作双方的竞争力，但由于竞争者之间不可避免地存在利益矛盾，所以合作往往是为了应付更强的竞争对手。

（二）产学研理论

产学研合作是对合作技术创新理论的实际运用，即让产学研三方的技术通过扩散和转移转变为企业的市场功能，实现经济价值。产学研合作是指企业、高等院校和科研院所等主体按照市场经济的运行规律，以共同利益为基础，以新思想、新技术、新工艺或新产品等为应用手段，有明确的合作目标、合作期限和合作规则，通过资源共享和优势互补，共同参与科学技术创新的全过程或某些环节的行为活动。产学研合作综合各方力量，实现了生产力要素的重组配置、人才培养、社会服务、产业发展、经济进步等多种功能，从而成为研究者、生产者、经营者、调控者的实施运行枢纽。

1. 产学研合作的原则

（1）平等与互利原则。在合作关系中，参与者的地位、资格、权利和义务都是平等的，任何一方既享有权利，又承担义务，否则，要承担违约责任。在履行义务后，合作各方都应有利可得，不允许权利和义务不对等，益损悬殊。

（2）风险共担原则。产学研合作的风险来自多方面：因资金回报不确定而带来的经济风险；因技术成果成熟度的不确定性而带来的技术风险；因产品市场预测不准确而带来的营销风险等。合作各方应通过协商共同分担风险责任。

（3）社会效益优先原则。产学研合作更要重视社会效益。一是由于合作是社会关注的焦点，合作各方需以身作则，遵守社会道德规范，诚实守信，不能采用歪曲或隐瞒真相的手法骗取合作；二是学校、科研院所和企业要把握好自身的本位职能；三是科技产品必须遵循科技发展规律和生产发展规律的内在要求，不要拘泥于一时的得失，要综合考虑国家的长远利益，优化决策。

2. 产学研合作的特点

（1）多样性。从合作项目、实验方法到模式定位、资产转换，产学研活动包容了多种选择，各种类型独立并存又互相渗透。

（2）直接性。研发与经营的直接结合。产学研合作所进行的开发研究包含了市场的特性，所进行的基础研究、应用研究不再单单是为了追求学术价值，或者是为探索开发道路，而是加上了未来经济效益的考虑。

（3）渗透性。交易与合作的并存。产学研合作中的资源转移，并非单纯的买卖关系，往往在交易中渗透着合作，在合作中渗透着交易，这是一种动态发展过程。事实证明，这种方式可以保持更长久的合作关系。

3. 产学研合作的构成要素

（1）企业、学校、科研院所。企业一般是指科技型企业。企业是创新活动中最活跃的要素，因为它在众多参与机构中是以满足顾客和市场需求为根本目的的组织，企业的创新活动往往直接影响地区的创新能力及绩效。高职院校的功能主要是实施教育、培养符合社会需要的合格人才；科研院所作为国家科学技术的源头和基地，要满足国家社会发展过程中经济建设和科学技术进步的需求，它既是科学原理、自然规律的探索者，也是将科技转化为生产力的中坚力量。企业、学校和科研院所是合作中的主体，扮演着无法替代的角色。

（2）金融机构、中介机构。金融机构是项目资金的重要来源，合作需要通过金融机构如银行等进行贷款、融资。现在，风险投资已经成为技术创新尤其是高新技术创新领域的必由之路。中介机构种类较多，一般由某些科研机构转制而成，或由科技人员创办，其具体任务是开展信息咨询，为产学研合作各要素提供顺畅的、便利的联系渠道；为企业提供经营管理、技术项目、市场营销、信息、人才培训、财务、金融、法律等方面的服务；为高等院校收集企业技术难题，提供人才供求信息等。

（3）供应商、销售商、客户。供应商提供设备和原材料；销售商既包括合作主体自设的直接对外销售部门，也包括独立的专业厂商；客户是指广大消费者或其他团体。这些群体都对合作过程施加着间接影响。与供应商、销售商和客户保持密切联系，能获得准确的市场信息，降低市场风险，同时其合理化建议也是创新构思的重要来源。从这个意义上来说，它们也应该是产学研合作中的组成要素。

二、机制理论

按照系统论观点，机制是决定系统运动的物质载体、动因及控制方式，也就是系统中各要素之间相互作用、合理制约，从而使系统整体良性循环、健康发展的规则、程序的总和。从控制论角度看，机制是系统通过反馈控制，自行调节外部干扰、内部起伏涨落以保持系统平衡稳定有序的机能。在控制理论中，除了要构造出控制对象的功能结构外，还要明确和把握有关物质、能量和信息之间系统变化的过程，这就是对有关控制系统运行机制科学认识的结果。

运行机制是指一定系统所具有的、使系统整体保持正常运行所需要的各种功能的组合，以及构成系统各因素、各环节、各层次之间错综复杂制约关系的总称。从社会经济意义上说，运行机制是对现代社会经济系统的结构及其错综复杂作用过程的一种描述和概括，它是在动态水平上对社会经济系统认识深度的一种表征。现代社会各领域、各方面、各层次都具有紧密相关的发展态势，这就要求对运行机制问题作出明确回答。事实证明，不把握运行机制的社会经济调控是一种盲目的行动，其后果往往走向主观愿望的反面。因此，机制理论是校企共建平台的理论基础。

第二节　校企共建创新平台的结构分析

一、校企共建创新平台的复杂性分析

在系统论中，系统被认为是相互作用、相互联系的若干组分结合而成的具有特定功能的有机整体；系统结构则被认为是组分与组分之间的关联方式（系统把其要素整合为统一模式）的总和。由校企共建创新平台的定义可知，平台是由多个要素构成的复杂系统。

（一）校企共建创新平台的系统结构

校企共建创新平台是由多个相互影响、相互制约的要素构成的，其基本要素由内部要素和外部要素组成，内部要素主要包括研究人员、知识、技术、资金、信息及政策等，外部要素包括社会文化及教育、综合技术、社会服务、政策法规、国际经济等。平台由相互制约的子系统构成，子系统包括核心子系统和辅助子系统，学校和企业构成核心子系统，市场、中介机构和金融机构等构成辅助子系统；外部要素构成了各子系统的外部环境。其中，辅助子系统既是外部环境的子系统，也是核心子系统的外部环境。

（二）校企共建创新平台的系统分析

在校企共建创新平台的系统结构分析基础上，我们进一步对平台进行系统分析。系统分析的主要任务是揭示各子系统内部各要素之间以及各子系统之间相互作用、相互制约的关系。

1. 辅助子系统对核心子系统的作用关系

（1）政策子系统。政策子系统对核心子系统的影响主要是通过政府制定相关的法律法规，设立相应机构，对创新平台的发展起到引导和保障作用。政府通过直接拨款等方式，扶持校企合作项目的研发；通过制定法律法规，形成一个鼓励校企双方合作、规范双方行为的政策体系和相应的保

障机制；通过设立信息机构，定期发布有关市场、产业、产品、技术、科研成果、人才交流等信息，为校企双方提供所需的商业信誉、技术能力、管理水平和资金实力等咨询信息。

（2）金融子系统。金融机构的介入，解决了政府财政资金投入不足的问题，金融机构通过开办科技信贷业务等，为平台融资提供重要的来源。技术创新投资是一项高风险、高回报的活动，风险投资家的加入也为平台提供了另一条融资渠道。

（3）市场子系统。消费者通过对产品的选择，直接影响着平台的研发方向，任何创新活动都离不开产品的市场需求，离不开消费者的认可。

（4）中介服务子系统。科技中介机构是指为创新主体提供社会化、专业化支撑和促进创新活动的机构。中介服务子系统对核心子系统的作用一般是通过生产力促进中心、律师事务所、信息咨询机构等，为合作双方提供技术、法律、知识产权等方面的咨询，为校企双方签订可操作性强的协议和合同，为技术开发平台提供人才搜寻、评价、推荐及培训等服务。可见，核心子系统和辅助子系统是一个共同进化的过程，它使技术、政策、市场、经济、服务等不断向更加合理的方向发展。

2. 各辅助子系统之间的相互作用关系分析

消费者通过对产品的选择，直接影响平台的研发方向，消费者的观念也会受到技术发展水平的影响；消费者对产品的认可度，会激发金融机构及风险投资家的投资热情，同时，强大的金融支持，会促进平台的技术创新，消费者也会最终得到技术创新带来的实惠；政府通过制定各种政策影响市场的运行；政府通过对平台财政资金投入，影响和带动金融机构及风险投资家的投资方向和热情，金融机构和风险投资家的投资，也缓解了政府的财政负担；中介机构的建立与完善，代替政府为平台做了有效的科技服务，为金融机构和风险投资家提供资金需求和风险投资的渠道，加强了消费者对技术发展前沿的了解。同时，法律法规的完善，经济环境的改善，市场机制的成熟，都将促进科技中介机构的发展。可见，各子系统之间相互作用、互为环境、不断进化，在进化中逐渐形成日益复杂的系统。

3. 外部环境对子系统的影响

有利的社会文化、教育及服务环境为合作创新活动提供了良好的社会氛围，使子系统内各主体积极投身于合作创新活动中，对合作创新产生很强的信心，增加了利用各项内部资源进行合作并实现多赢的可能性；综合技术环境及社会经济环境为技术创新提供了动力；法律法规环境的健全和完善，为合作主体提供了有效的政策支持，有利于市场秩序的形成，为合作创新提供了有力保障。

（三）校企共建创新平台的特征

在平台系统中，各子系统及外部环境相互作用，形成了一个无形的非正式网络，各网络成员（各子平台的主体）从自身的原则出发，与其他主体相互作用，并不断涌现出网络的整体性和规律性。这正符合了复杂适应性系统的特征：无中心控制机制，只在简单的规则支配下涌现出复杂的特征。平台是一个复杂适应性系统，其特征如下。

1. 复杂性

平台系统是由若干相对独立的行为主体构成的，每个主体内部有各种形式不同的组织系统，整个平台的管理就是协调这些相对独立的实体，从而完成创新活动。每一个主体成员都有自己的利益和管理方式，而且相互之间没有一个主从和附庸的关系。任何一个主体自身的变化都会受到其他主体变化的影响，同时也会引起其他主体的变化，因此，呈现出复杂性的特点。另外，平台的目标是物流、信息流、知识流以及资金流的通畅与敏捷。由于各主体分属于不同的社会系统，对应的信息系统是互不兼容的，这就造成了信息共享和传递的有限性，从而体现出主体间协调的复杂性。

2. 网络性

一是平台主体与其创新资源之间基于应用的频繁性结成各种相对稳定的网络关系；二是平台主体之间通过互动结成一定的网络关系；三是创新主体与外部环境之间会结成一定的网络关系。

3. 开放性

平台系统与环境有着密切的联系，即子系统与外部环境之间存在着物质、能量和信息的交换，存在一定的输入、输出关系。平台的边界是开放的，开放程度决定着校企共建创新平台能否与外部环境进行物质和能量的交互程度。外部环境任何一种变化都会影响系统整体功能的实现。比如，宏观政策的变化、经济发展的速度等都会给平台的运行带来不确定性。校企共建创新平台的开放性决定其可通过不断从外界引进创新资源，来提高平台的创新能力和水平。

4. 耗散性

平台是一个非线性的开放系统，校企合作模式总是成功与失败并存，并且这种涨落是无法避免的。通过不间断的涨落，平台系统可能发生突变即由非平衡态、混沌无序状态转变为一种在时间上、空间上或功能上的新的、稳定的、有序状态，这就需要平台不断与外界交换物质或能量才能实现。可见，平台具有耗散性。

5. 波动放大性

平台各子系统之间存在着非线性关系。比如，消费者在需求方面很小的波动则可能会沿着科技创新阶段逐级向上游放大。这种系统波动的放大性，也恰恰体现平台系统的复杂性。

二、校企共建创新平台的结构模型构建

（一）校企共建创新平台的目标与构建原则

1. 校企共建创新平台的目标

校企共建创新平台的目标是指以合作技术创新为核心，整合高职院校和企业的优势资源，获得单方无法独立达到的高效益，最大限度地提高平台的运行效率，建立起适应科技、经济及社会发展的平台系统。平台设计要求如下：在宏观层次上，平台以提高平台技术创新能力为前提，选择适当的平台发展规模，围绕市场需求，形成合作创新规划，确定适应市场和平台运行特点的运行机制，提高平台对科技及经济发展的贡献率，发挥科技第一生产力的作用；在微观层次上，平台通过充分调动企业和学校的科技力量，组建具有高度科技环境感知力和商业环境感知力的校企合作创新团队，加强合作创新团队间的合作与交流，充分整合创新资源，实现创新资源的合理配置与共享，完成研发任务，提高合作创新团队的科技创新能力和水平，增强合作创

新团队的效率，进而提高平台的运行绩效。

2. 校企共建创新平台的构建原则

校企共建创新平台应当具有较高的运行效率，以技术创新为核心，以提高区域竞争力和可持续发展能力为目标，发展成为以市场推动和政府引导相结合的高效的公共创新平台。笔者认为，平台的搭建应当遵循以下几个基本原则。

（1）互利原则。校企合作关系之所以不能稳定长久，其根本原因在于没有形成互利、共赢、共同发展的良性局面。互利并不是放弃利益，而是求得更大的共同利益，互利性原则是建立在学校和企业双方平等和互惠的基础上。互利性主要体现在以下三方面：一是学校利益，体现在丰富学科内容、弥补自身科研经费不足、提高成果转化率、提升创新能力，从而有效实现学校服务社会的功能；二是企业利益，体现在提高自身研发能力、推动科技创新的发展、增加经济效益，从而更好地为社会经济发展服务；三是社会效益，反映学校和企业在合作过程中研发出的新技术或新产品，能够满足社会的需要，促进科技与经济的快速稳定发展，体现了校企双方的社会责任。

（2）耦合原则。耦合原则是指两个或两个以上性质相近的生态系统具有互相亲和的趋势，当条件成熟时，它们可以结合成为一个新的、高一级的结构功能体，实现系统耦合。平台的结构特点要求平台各要素之间，要素与外部环境之间不断进行各种创新资源的交换，平台各创新主体也非常看重彼此之间的联系与协作，通过创新主体之间的互动，产生彼此间的亲和力，使学校和企业为共建创新平台进一步实现耦合。

（3）开放原则。学校和企业的创新资源和创新能力都是有限的，通过构建开放的平台，可以找到优势互补的合作伙伴（合作各方可以根据需要自由互选合适的合作伙伴）。同时，通过平台与外部环境的资源交换，可以使平台不断获得信息、知识和技术等创新资源。这种与外部环境的输入、输出关系，决定了校企共建创新平台应遵循开放性原则。反之，平台的开放程度也决定平台与内外部环境能否进行有效的物质和能量的交换。

（4）利于技术创新原则。促进和实现技术创新是校企共建创新平台的最终目标，因此，在校企共建创新平台的运行过程中，应当充分考虑是否有利于形成一个良好的、可促进技术创新的体系，平台的规模和结构是否有利于技术创新等问题。

（5）引导与调控相结合原则。平台必须以市场为基础，按照市场规律配置创新资源，充分发挥市场的创新导向性。在市场机制发展尚不完善的情况下，通过政府宏观调控，弥补创新过程中出现的"市场缺陷"是十分必要的。在平台运行过程中，市场引导和政府调控应当相辅相成、相得益彰。

（二）校企共建创新平台的层次结构

平台是包含多个创新主体的有层次结构的系统，各层次之间相互联系，相互影响，相互促进。平台的结构包括个人—合作创新团队—合作实体—平台，因此，要按照这样的结构来建立校企共建创新平台的层次结构模型。

平台是由校企合作研发实体和以项目为核心的校企合作创新团队构成的。校企合作研发实体包括学校和企业组成的合作创新团队，校企合作创新团队又是由学校的教师及研究人员和企业的科研人员及企业家等构成的，该结构模型呈现出了平台的层次结构性。平台的各个层次分别位于不同的环路上，由外到内，由低到高，充分体现了平台结构由底层到顶层的层次性和聚集性。同一环路上的个人或组织之间可以进行交互作用，不同层次上的个人或组织之间同样可以进行交互作用。这就保证了平台中的各类创新资源可以无障碍地在各创新主体间自由流动，实现了优势资源的动态整合，进而保证平台能快速应对外部环境的变化。

（三）校企共建创新平台的合作模式

校企合作模式，反映了校企双方在合作系统中的结构构成和相互关系。校企合作作为一个系统，其结构决定着系统功能的发挥，因此，合作双方在系统中的结构状况和相互作用必将影响校企合作的绩效。在校企合作系统中，主体是指企业和学校，通过与金融机构、中介机构及市场不断进行信息交换，使系统保持良好的状态和绩效。

国内外一些专家和学者对校企合作模式作了较深入的探讨。其中最具代表性的观点归纳如下：根据校企双方合作的契约关系，分为技术转让、合作开发（包括委托开发）、共建实体；从经济学角度划分为内部化模式、外部化模式、半内部化模式；按照合作层次不同，将校企合作分为技术协作模式、契约型合作模式、一体化合作模式；从实体组织的角度，将校企合作分为校企双方组织合作模式、学校自主产业化合作模式、企业内化校企合作模式；根据合作内容，分为校企合作教育、校企合作科研、校企合作办企业等模式；从产学研合作动机角度，分为市场牵引型和政府引导型两大类合作模式。笔者根据校企共建创新平台的概念，将平台的合作模式分为项目型和实体型两种。

1. 项目型合作模式

项目型合作模式主要包括：校企共担国家课题和校企合作技术研发。其中，校企共担国家课题是指由国家科技部门组织立项，由学校和企业联合申报，共同承担、攻关国家科技创新项目，在此过程中，学校发挥核心作用，企业积极参与其中；校企合作技术研发是指学校与企业以合同的形式，对项目共同进行研发，双方按合同约定，分别提供优势资源，并根据双方投入资源的多少和在研发中做出贡献的大小确定项目收益分配。

2. 实体型合作模式

实体型合作模式主要包括：共建工程（技术）研究中心、共建技术开发中心、共建联合研发中心、共建区域合作研究院等。

共建工程（技术）研究中心，主要针对市场需求，对科技成果进行工程化、系统化、集成化应用研究和二次开发，是研究与开发行业重大共性技术和关键技术的研发实体。中心由校企双方分别提供研究人员、资金技术及设备等，对其研究成果由双方协商分配。

共建技术开发中心及联合研发中心的主要任务是根据企业需要，通过联合开发，形成自主知识产权的新技术、新产品，实现中心的持续发展。企业为中心提供资金、设备及研究人员，学校根据企业需要提供相应的知识、技术及人员等。

共建区域合作研究院是指学校与地区的合作，主要任务是通过组织学校的人才、知识和技术等资源推动区域经济的发展。

（四）校企共建创新平台的组织结构及构成要素

1. 校企共建创新平台的组织结构

组织是为了达到一个共同目标的人们联合的形式。管理学家巴纳德从人与人相互合作的角度研究组织，认为组织即协同努力，是人们有意识地调整共同活动或力量的系统。

组织应具有三个基本特征：一是共同目标。组织必须有统一的目标，成为全体成员共同的凝聚力方向。二是结构关系。组织内部成员之间存在着有机联系结构，如管理与被管理关系、信息传递沟通关系、工作协作关系等。三是内部规范。组织内必须有组织成员共同遵循的规范、制度等。

校企共建创新平台组织结构是指由学校和企业的研究人员组成的有机体，围绕平台的共同目标，形成一定的内部关系结构和共同规范的协调系统。

平台组织是平台管理委员会领导下的项目制组织结构。

平台管理委员会（简称管委会）是具有行政管理职能的专门机构，主要负责对平台、平台中的合作研发实体以及平台中的合作创新团队进行各类创新资源的调配，负责对平台中各种关系的协调和管理工作，但不负责具体合作研发实体和合作创新团队的日常管理工作。合作研发实体是内部具体管理部门，对上同样受平台管委会的管理和监督，对下负责合作研发实体内部的各合作创新团队的资源调配和日常管理工作。实体内部各合作创新团队负责人对实体的管理部门负责，管理部门负责团队之间的协调与管理工作。合作创新团队中有明确的团队负责人，对上受平台管委会的管理和监督，对下负责本团队内部的资源调配、日常管理等活动。各合作创新团队之间地位平等，彼此之间是一种并行研发的关系，一般不发生直接联系，如果在创新资源的需求和应用上出现了竞争或矛盾，则由管委会出面协调解决。

校企共建创新平台的组织架构具有稳定性、动态性、敏捷高效性相结合的显著特点。

（1）稳定性。稳定性体现在两个方面：一是学校和企业原有的相对固定的创新团队组织是不变的，合作创新团队成员属于原有的创新团队，具有相对稳定的组织结构，这种隶属关系一般不随平台及合作创新团队的重新组建而发生变化；二是平台的管理委员会也具有相对的稳定性，管委会只是起到制定规则和资源分配的作用，为各创新团队和合作创新实体提供支持和服务，一般由政府牵头组建，稳定性较强。

（2）动态性。动态性体现在平台合作创新团队的动态变化上。由于研发任务具有临时性，研发活动和校企合作关系具有动态性，合作创新团队会随着市场变化和创新目标不同而重新组织和解散，这也体现出平台对环境变化有一定的柔性和适应性。

（3）敏捷高效性。敏捷高效性体现在以下三个方面：一是在不断变化的动态环境中，通过不同学校与企业之间的动态合作，资源的优化组合，加强了学校与企业之间知识流动，利于培养合作创新团队成员的学习能力，提高团队的创新效率；二是权力下放到合作创新团队，让团队成员参与决策，提高了合作创新团队对变化的灵捷反应能力；三是借助平台管委会的力量，迅速完成创新资源的聚集，解决了单个学校或企业创新能力不足和信息相对缺乏等难题，加快了创新步伐。

2. 校企共建创新平台的构成要素

（1）校企共建创新平台的主体要素。校企共建创新平台的主体分为宏观主体和微观主体，按照主次关系又可分为核心主体和辅助主体。

宏观层面上，校企共建创新平台是国家配置学校和企业的各种科技创新资源，实现学校和企业优势互补，资源共享的系统。从这一层次上来分析，平台主体是由学校、企业、市场、中介机构和金融机构等构成。其中，学校和企业是核心主体，市场、中介机构及金融机构是辅助主体。

微观层面上，校企共建创新平台是由学校和企业的创新团队组成的，其主体包括教师及研究人员、企业家及研发人员、管理人员、服务人员、消费者及投资者。其中，学校教师及研究人员、企业的企业家及研发人员是团队的核心成员，管理人员、服务人员、消费者及投资者是团队的辅助人员。通过主体间的互动与沟通，实现平台的合作创新功能。为了突出核心主体在平台中的地位和作用。如不作特殊说明，在后面研究中，凡是提到平台主体均是指核心主体。

（2）校企共建创新平台的环境要素。平台环境是指影响平台存在、发展和变化的条件的总和。每个系统都有自己独特的外部环境，系统与外部环境之间相互依赖，相互作用，不断进行能量、物质及信息的交换。平台的环境可分为内部环境、中间环境及外部环境。

内部环境：内部环境是指学校与企业之间及其内部要素之间的相互作用关系。学校和企业是不同性质的两种组织，其文化背景和价值取向存在较大差异，通过共建创新平台，形成了平台内部特有的文化环境、技术创新环境、资源整合环境，为平台发展打下了良好的基础。

中间环境：市场（消费者）、金融机构及中介机构构成了平台的中间环境，任何一方的变化，都会对平台产生很大的影响。政府具有制定各种政策法规的权利，对平台发展具有政策导向作用；市场通过消费者对产品的选择，最终影响和决定着合作创新成果市场化的成功与否；金融机构通过对平台进行投资及制定相关的金融支持政策，为学校和企业的合作创新提供了源源不断的经济动力；中介机构在校企合作中起到桥梁和纽带作用，为平台的建设和发展发挥其服务功能。

外部环境：外部环境包括社会文化、社会教育、社会服务、社会经济、综合技术、制度环境、法规制度等。尽管平台的创新活动会对外部环境产生影响，但在很大程度上，这种影响是有限的，平台对外部环境主要表现为适应。外部环境决定了平台的发展方向、发展速度及发展规模，为平台的合作创新活动提供良好的社会氛围，使平台各子系统内的创新主体积极投身于合作创新活动之中，并对合作创新产生很强的信心，使平台内部资源得到合理配置和有效共享，实现主体间共赢或多赢。在平台的外部环境中，社会文化、教育及服务为平台发展提供了氛围保障，并在一定程度上影响着平台的发展水平；社会经济、综合技术环境为平台发展提供动力；制度环境的改善，可使平台从外界吸引更多的优秀人才、高新技术，促使平台系统尽快发展与完善；法规制度的健全和政策环境的完善，使合作主体间形成健康有序的合作关系，增强平台主体关系的稳定性，有效保护合作主体的权益。

（3）校企共建创新平台的资源要素。校企共建创新平台的本质就是对学校和企业的创新资源实现整合并共享，研究平台的资源问题，对保证平台正常稳定运行具有重要意义。平台的资源是学校和企业分别提供给平台的优势资源，是校企双方共享的公共资源，是平台从事创新活动的支撑资源。因此，平台各资源要素又称为平台的支撑要素。

人力资源：平台的人力资源是指平台中从事合作技术创新活动的所有人员，既包括学校的科研人员，也包括企业的科研人员，既包括直接从事平台技术创新活动的人员，也包括平台技术人员以外的辅助人员。他们是平台技术创新活动的行为主体，在技术创新活动中起着基础性和决定性的作用。其中，学校的科研人员主要是指教师及研究人员，一般是通过课题组的形式将其组织在一起。企业的科研人员包括企业家、研发人员及技术工人等，一般以项目组的形式将其组织在一起。

知识资源：知识分为显性知识和隐性知识。其中，显性知识是指可用文字、语言等来表达、传播及交流的知识，如数学公式、程序、定理、公理、知识产权、专用数据、操作规程等；隐性知识是指那些"只可意会、不可言传"的知识，这类知识与个人经验及具体背景有关，存在于个人的头脑之中或特定的组织网络中，难以用语言或其他工具清晰表达，是高度专有而又难以规范化的，难以与他人共享和交流，如理解能力、分析能力、推理能力和技术诀窍等。平台的知识资源是指存在于平台中的合作创新所需的数据库、各类期刊、文献、图书、知识产权、专利等，以及存在于人头脑中的科学理念、思维方式、创新经验等。

技术资源：平台中的技术资源主要包括技术图纸、科技成果、技术诀窍等，技术资源为平台提供技术创新支撑。

资金资源：资金资源是指用于支持平台创新活动的一切经费，是平台运行的财物保障。一般来讲，技术创新资金来源包括政府拨款、企业自筹资金、银行贷款和风险投资等。由于银行贷款的投向存在限制性，例如，中国人民银行科技贷款主要是支持创新成果转化与应用阶段的研究活动，风险投资的形式目前在我国更是不够普遍。因此，平台的资金资源主要还是以政府拨款和企业自筹资金为主。政府拨款的形式主要包括事业费拨款、科技专项拨款、纵向合同经费、科学基金及其他项目拨款等。企业筹资是指企业利用自身的技术条件和各种能力，面向社会取得的收入用于科研的部分。

基础设施资源：设备资源是指平台中的学校和企业以及校企合作研发实体为实现合作创新而提供给平台的场地、仪器及设备等。

信息资源：信息是构成自然界和人类活动以及信息化社会最基本的因素，技术创新的产生离不开信息。由于创新环境的不确定性很高，因此，信息的获得显得尤为重要。平台的信息量越大，技术创新的不确定性相对就会越小，越有利于技术创新决策的制定，获得更多的效益。平台的信息资源一般包括人才信息、技术信息、市场信息等基本信息，也包括信息基础设施，如学校和企业的计算机、电子化设备、网络、办公自动化（OA）、管理信息系统（MIS）等。

政策资源：政策资源主要是指政府及中介机构为平台提供的各类信息和政策，它们对平台的技术创新活动起到导向作用，平台应积极争取外部的政策资源。

人力资源由学校和企业共同拥有，资金和技术资源大部分被企业占据，知识和设备资源大部分被学校占据，政府占据大部分信息和政策资源。因此，只有加强资源的整合与互动，充分发挥平台公共资源的作用，才能有效地提高平台效率。

第三节　校企共建创新平台的运行机理与模型构建

一、校企共建创新平台运行的受力分析

任何一项经济活动，其行为主体都是在一定动力支配下进行的，校企共建创新平台的正常运行，离不开各方力量的共同作用。本节重点对校企共建创新平台进行受力分析，目的是要找到促进平台运行的动力因素和阻碍平台运行的阻力因素。校企共建创新平台的运行主要受到动力和阻力的

综合作用,平台的动力是指促使平台运行的促进性因素,包括内部动力和外部动力,内部动力又分为来自学校的动力和来自企业的动力。校企共建创新平台的阻力是指制约平台运行的阻碍性因素,包括内部阻力和外部阻力。

(一)校企共建创新平台的动力分析

1. 校企共建创新平台的内部动力

(1)来自学校的动力

①提高科技成果转化率:学校具有相对一流的人才队伍,较雄厚的研发实力,科技创新成果不断涌现,然而这些成果大多数无法实现商业化应用,某种程度上来讲,这是对国家投入资源的巨大浪费,同时也挫伤了学校教师创新的热情。通过与企业合作,利用企业的市场转化能力,可以大大提高科技成果转化率,从根本上解决成果转化难的问题,最终能够实现学校服务于社会和经济发展的功能。

②获得持续稳定的资金支持:学校具备从事基础研究的科技力量,为进行研发活动提供了条件,然而科研活动所需资金的不足却成为其科研发展的障碍。学校作为非营利组织,自身并不产生经济效益,仅仅依靠政府部门的拨款又满足不了研发活动对资金持续不断的需求。因此,学校必须开展多渠道的融资活动,特别是努力吸收企业投资,开展产学合作,使研发活动得到稳定的资金支持。

③培养高素质的实用型人才:传统的教育模式下培养出来的学生往往具有较高的学术研究水平,但由于实践经验不足,难以适应企业的实际要求,不能解决企业所面临的技术难题,造成学校人才输出与企业需求的严重脱节。通过与企业合作,在实践中锻炼和培养学生,提高了学生的动手能力和实践水平,保证了学校培养学生的高素质和实用性。

④推进学科建设:学校通过与企业进行跨学科研究,使学校在学科高度分化的基础上逐步走向高度综合,这种现代科学技术的综合化趋势,要求学校对人才培养与学科设置重新定位,并及时调整自身学科建设,使学校适应跨学科发展的需要。

⑤开阔创新视野:学校在进行科研时会遇到一些非理论方面的问题,

需要在实践中得到解决。通过校企合作使学校开阔视野，与企业共享信息、技术和经验，获得互补性的科学技术，形成技术协同效应和优势，更好地认识和评价当前的技术发展趋势，并在技术创新中，紧紧围绕前沿和市场，进行有效的技术创新与突破。

⑥获得宝贵的经验知识：按照资源和能力的观点，组织的核心能力蕴含在组织内部和人力资源的经验性知识中，对于经验这类隐性知识通过语言文字是无法表达清楚的，也是难以传递的，它往往存在于人的技能之中，只有通过潜移默化的形式，才能达到实践经验传递的目的。加强与企业合作创新，通过经常性的沟通和交流，学校可以不断地学习和积累宝贵的实践经验。

（2）来自企业的动力

①弥补自身技术创新能力不足：创新是企业的灵魂，是企业获得竞争优势的关键，而竞争优势越来越取决于企业的技术创新。在技术不断发展、人们的消费观念和需求不断变化、市场机会稍纵即逝的经营环境中，研发速度已成为企业成败的关键。然而，我国企业研发投入强度不够，研发人员投入不足，技术创新能力较低，严重影响了研发活动的开展。为了建立适应市场需求的快速创新机制和技术进步的快速反应机制，越来越多的企业把目光放到寻找外部研发力量上，以此来弥补自身研发力量的不足。

②降低创新风险与创新周期：科技研发活动本身带有很大的不确定性，降低风险是企业寻求研发合作的一个重要动因。参与共建平台，通过双方的共同努力，可以将风险在校企双方之间进行分摊，从而使企业研发风险大大降低。另外，市场竞争要求新产品的研发要不断缩短开发时间，企业如果延误了时机，其创新产品将一文不值。通过与学校共建创新平台，借助学校的科研力量，实现创新资源共享和优化配置，形成优势叠加，能大大缩短研发周期。

③降低研发成本：成本决定利润，较低的成本意味着较高的利润，企业与学校通过共建创新平台，有利于降低研发成本，提高企业的利润。同时，在许多技术领域尤其是高新技术，其研发成本正以前所未有的速度迅

速增长。

④获得前瞻性技术：高新技术的发展日新月异，每个企业具备所有的创新知识和资源是不可能的。企业的研发重点是面向应用的，往往为了解决市场需求而进行短期研发，但是企业要想保持持续不断的发展，必须有长远的发展战略，作为技术储备，企业希望与学校合作进行前瞻性研究，增强创新能力，形成企业长远发展潜力。获得前瞻性技术、进入新的技术领域是企业与学校合作的重要动因之一。

⑤借助高校力量解决重大技术问题：对于企业来讲，无论规模多大，技术能力多强，也不可能具备自身发展所需要的各个领域的技术能力，这将成为制约企业解决重大技术问题的瓶颈。学校具有多学科渗透融合和组织协调各方面力量解决综合性重大技术问题的优势，又有源源不断的参与科研的强大生力军，具有人才、技术、信息和学科发展上的优势。企业在进行独自研发过程遇到棘手的技术问题，或急需解决的现场问题，可以借助学校的力量来解决自身解决不了的重大技术问题。

⑥获得高校品牌的无形资产：企业与当地学校进行合作会增加自身的亲和力，增加当地政府和群众对企业的认可，减小企业进入该地区的市场阻力，提高成功的可能性，有时甚至是产品进入某一市场的唯一途径。可见，高校品牌也是一种无形资产，通过与学校的合作可获得学校的品牌效应，增加企业在行业或区域内的影响力，提高市场进入的成功率，降低市场风险。

2. 校企共建创新平台的外部动力

（1）校企共建创新平台外部拉动力

①政府的拉动：政府在校企共建创新平台中扮演了媒人的角色。在平台建设之初，政府通过制定和完善各种制度，构建适宜的环境，营造合作的氛围，引导学校和企业走到一起。在平台的发展过程中，政府对共建平台中出现的问题和矛盾进行间接调控，引导平台规范化运行。

②市场需求的拉动：市场是技术创新得以实现的最终场所，市场需求是技术创新活动的动力源泉，是技术创新活动的基本起点。对现有市场的满足及对未来市场的潜在需求，都构成了市场对平台的动力源；市场中的

消费者对平台的技术创新成果的满意度也构成了平台的动力；市场中的激烈竞争使得平台更加关注对未来潜在市场的满足，这也同样构成了平台的动力。

③中介机构的拉动：学校和企业在文化背景和知识积累等方面存在很大距离，而中介机构为了促进双方的理解和沟通，通过信息中心、培训中心、生产力促进中心、技术开发交流中心、咨询公司、技术评估组织等在校企之间架设一座桥梁，依托信息、技术管理等方面的优势对校企共建创新平台的发展起到拉动作用，对各类创新资源进行优化配置，为平台提供各类服务，拉动平台向前发展。

④综合技术进步的拉动：一个国家的科学研究水平和技术进步程度会影响校企合作的发展。主要体现在两方面：一是技术的匹配性，即技术创新过程中相关技术之间的依赖关系。校企合作技术创新的成功是由技术本身的实用性和对技术生存环境的适应性决定的。二是科技发展水平和速度。企业和学校所处环境的科技发展水平是校企合作技术创新的平台，科技发展的水平之高、速度之快是无法想象的，新技术革命不断产生，一方面为学校和企业带来了丰富的技术资源，另一方面要求学校和企业自身要不断地提高知识、技术和理论水平，积极应对不断提升的技术理论体系和科技发展环境。

（2）校企共建创新平台外部推动力

①金融机构的推动：资金是校企共建创新平台必不可少的重要的创新资源，是保证平台得以构建和发展的关键要素。在技术创新的各个阶段都需要大量资金的投入，特别是在成果转化阶段更加需要大量的资金投入。金融机构的加入，会大大弥补平台资金的不足，增强校企合作的信心和力量。

②社会经济发展的推动：校企共建创新平台是在一定的社会经济环境下发生和发展的，自然会受到所处经济环境的推动。经济的发展必然带动科技的大发展，只有掌握先进的技术，才能获取充足的生存和发展空间。知识经济推动技术不断地更新换代，新技术、新产品不断地取代旧技术、旧产品。同时，随着经济水平的不断提高，对科学技术的需求也相应提

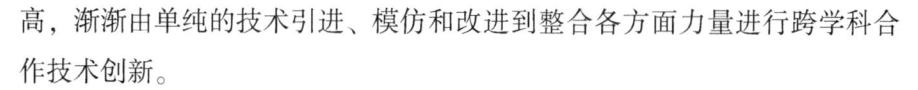

高，渐渐由单纯的技术引进、模仿和改进到整合各方面力量进行跨学科合作技术创新。

③社会文化、教育及服务的推动：文化、教育及服务一直伴随着人类的成长与发展，是决定和影响人类活动的基本因素，社会环境的改善，会推动校企合作技术创新向更协调、更完善的方向发展。经验表明，有利于创新的社会环境对于促进技术创新活动发挥着关键的作用。

④制度法规的推动：我国始终贯彻"科技是第一生产力"的方针，并专门制定了专利制度、奖励制度、税收补贴制度、研究开发制度和风险投资制度等。

（二）校企共建创新平台的阻力分析

1. 校企共建创新平台的内部阻力

（1）观念阻力

随着经济的发展，企业和学校越来越重视合作创新的发展，但是长期以来由于受到传统观念的影响，在对校企合作的认识上存在一些阻力。企业还是以引进技术为主，对于合作技术创新的比例近几年虽然有较大提高，但是还远远不够。学校由于受我国学校评估体系的影响，导致重论文数量和学术价值，轻技术转移和技术经济价值；重纵向国家课题，轻与产业界的横向合作，主动寻求与企业合作的积极性严重不足。因此，必须首先解决观念上的问题。只有解决了思想上的问题，学校和企业才会积极努力合作发展。

（2）沟通阻力

一方面，学校与企业之间缺乏合理流动，缺少联系，或者虽然有联系，但往往是非正式的、个人之间的，导致战略性的、正式的、长久的合作远没有建立起来，为共建创新平台带来了很大的阻力；另一方面，由于学校和企业不同的定位和价值取向导致双方建立平台以后产生沟通障碍。企业对学校提供的技术和服务不满意，学校对企业的需求不重视、对企业要求的研究成果公开发表的推迟不满意、对分配方式不满意。

（3）目标阻力

学校和企业由于受自身价值取向的影响，导致在合作目标上有时会发生分歧，企业往往更加注重创新的实效性，学校则更注重创新的理论性；企业更注重眼前利益，学校则偏重社会效益和长远利益。因此，在合作目标上产生了一定的阻力。

（4）资金阻力

学校作为非营利性组织，技术创新资金严重不足。学校寻找与企业合作的关键动力就是获得企业资金支持，而企业的研发资金投入严重不足。

（5）利益分配阻力

平台的利益分配，既包括由合作创新带来的直接经济价值的分配，也包括无形资产等间接经济价值利益的分配，分配方式不合理、产权归属不明确等问题导致平台发展受阻。另外，平台的公共资源由学校和企业分别提供并共享，由于资源调配不尽公平，资源折合成本的划分标准不同，实际操作中常常出现资源配置不均衡，利益分配上产生分歧。

（6）规模阻力

平台的规模一般是指平台主体及其创新资源等在平台上的集中程度。在平台的持续发展过程中，规模并不是越大越好，也不是越小越好，要有一个合理的利于平台发展的规模。平台的规模对平台发展具有很大的影响，平台的规模不同，其结构、战略、目标及其行为都会不同，规模不当就会对平台发展产生阻力。

（7）能力阻力

学校注重理论创新能力的培养和提高，企业则注重应用创新能力，学校和企业各有优势和专长，在校企共建创新平台的过程中，双方优势互补。能力的差异给平台带来了技术创新能力上的差距，这种差距为平台发展带来了阻力。

2. 校企共建创新平台的外部阻力

（1）政府阻力

校企共建创新平台离不开政府的扶持和拉动，但是政府如果参与过多，就会影响和制约平台的自由发展，使平台丧失市场机遇和应有的活力。另外，政府作为平台资金的主要投入者，使平台对其产生太多的资金依赖，如果不去开辟更多的社会融资渠道，就会阻碍平台的发展。

(2) 市场阻力

市场通常以市场需求的方式对平台起到拉动作用，但是市场不是万能的，它具有自身无法克服的功能性缺陷，有时表现为合作创新的阻力。

(3) 融资阻力

目前，虽然金融机构对技术创新投入大大增强，但是由于种种原因，金融机构对贷款投向有所限制。例如，中国人民银行科技贷款主要是支持创新成果转化和应用阶段的研究活动。风险投资不够普遍，金融机构和风险投资公司不能成为平台的主要资金来源，这在一定程度上成为制约平台运行的阻碍因素。

二、校企共建创新平台运行的影响因素分析

校企共建创新平台的运行是指平台在相关组织机构的规范管理下，平台主体协同发展，平台效率不断提高，能够创造出更多的产品和服务，为社会创造更多的价值。校企共建创新平台运行的影响因素一般包括外部环境因素、内部条件因素、规制因素以及平台主体及其相互关系。具体分析如下。

(一) 影响平台运行的外部环境因素

校企共建创新平台的外部环境因素是指那些直接或间接影响平台运行的外界因素，包括政治、经济、社会、市场以及技术发展等多个方面的因素。外部环境的波动是校企共建创新平台运行中所面对的不确定性因素的主要来源。所谓波动是指一些关键环境变量在不同时期所表现出来的明显变动，环境波动会对平台的发展产生十分重要的影响，尤其是那些不利的环境因素会对平台发展产生很大的波动，甚至会导致平台的瓦解。因此，要对平台的外部环境因素加以区分控制，对那些利于平台发展的积极影响因素要合理利用和发展，对那些不利于平台发展的阻力因素要尽量避免和克服。

(二) 影响平台运行的内部条件因素

影响平台运行的内部条件中最重要的就是平台的资源，它为平台的运行提供了物质和能量。平台的资源要素包括人力资源、财力资源、物力资

源和技术（知识）资源，这四种资源要素是平台运行中必不可少的基本要素，其数量与质量直接影响着平台技术创新能力的高低，决定平台的运行效率和发展趋势。

(三) 影响平台运行的规制因素

平台只有建立与其发展相适应的合作主体、合作环节的规范化标准和制度，才能形成统一的管理规范和业务流程，实现平台内部各种资源的有效配置。平台的内部规制具有五种功能：一是资源配置功能，通过规范各种资源在平台中的合理配置，最大限度地节约成本，提高资源配置的效率，使平台有序高效运行；二是有效激励功能，通过平台内部合理的制度安排，可以最大限度地调动平台主体的积极性和创造性；三是风险控制功能，即规范平台的各种管理行为，实现平台的风险防范；四是建立秩序功能，使平台中的各主体及合作中的各环节能够相互协作，有序发展；五是共同标准功能，通过建立共同遵守的制度和规范，形成一致的行为判断标准。

(四) 平台主体及其相互关系对平台运行的影响

1. 平台主体

平台主体的合作创新能力对平台的运行有着重要的影响，它是平台综合创新能力的基础。平台主体的合作创新能力一般包括合作创新的倾向、合作创新资源的投入能力、合作创新的研发能力、合作创新的协调能力等。

（1）合作创新的倾向

它是平台主体进行合作创新活动的意愿程度，直接影响着主体对创新资源的投入程度以及对创新活动的支持程度。随着经济的发展，企业和学校越来越重视校企合作创新，但是由于长期受传统观念的影响，在对校企合作的认识上还存在一定的阻力。当前，企业还是以引进技术为主，对于合作技术创新的比例近几年虽有所提高，但是还远远不够。学校由于受现有管理体制的制约，主动寻求与企业合作的积极性并不高。

（2）合作创新资源投入能力

通常衡量平台主体的合作创新资源投入能力时要考虑投入到合作创新活动中所必需的人财物等。一般情况下，平台的规模越大，平台主体参与合作的程度越深，投入合作技术创新活动中的人财物也就越多，从而体现了平台主体的合作创新能力。

（3）合作创新的研发能力

一般要考察创新主体的知识、技术的拥有量以及以往的创新成果情况，特别是专利申请数量、研发经费情况以及研发人员的数量及构成等。

（4）合作创新的协调能力

合作创新的协调能力是保证合作主体间的合作关系正常发展的前提和基础。协调能力不等同于协作能力，前者包括后者，协调能力除了注重与他人的配合之外，还注重强调沟通行为。

2. 主体间的相互关系

平台主体间的相互关系，主要体现在主体间的差异性、主体间合作形式的多样性、主体间合作的紧密度等方面。

（1）主体间的差异性

主体间的差异性体现在主体间的组织差异、文化差异及目标差异三个方面。一是组织差异。学校和企业是两类不同性质的组织，在组织结构、制度、管理等方面存在很大差异。这种差异会造成主体对对方行为产生难以理解的困难，造成资源流动与共享困难，因此，主体之间极易产生矛盾和冲突。二是文化差异。学校和企业存在明显的文化差异，这种差异具体体现在双方价值观、组织目标、知识结构、思想形态、行为准则等方面，平台是一种跨文化组织，具有特殊的组织文化，这种特定的文化氛围，需要为校企双方所共同认知，如果在认知过程中，双方在理解上产生误差，将严重影响彼此的沟通。三是目标差异。目标差异是指两个或两个以上的组织所预期的结果不一致。学校和企业在合作过程中，受自身固有价值取向的影响，在合作目标上有时会发生分歧。例如，企业往往更加注重创新的实效性，学校则更加注重创新的理论性，因此，不可避免地会产生程度不同的目标差异。

（2）主体间合作形式的多样性

关于平台主体的合作形式，可分为项目型合作模式和实体型合作模式两种。不同的合作模式下，由于合作主体所处地位及发挥作用的不同，主体间相互关系必然有所差别。并且，随着平台的不断发展，平台中会涌现出更多的校企合作形式,形式的多样性决定了平台主体间相互关系的多样性和复杂性。

(3) 主体间合作的紧密度

主体间合作模式不同,决定了主体间合作紧密度是不同的。主体间合作紧密度直接影响着主体间的相互信任与协调,影响着由紧密关系而派发出的其他影响平台发展的特殊关系。一般来讲,评价人际关系的紧密程度,一是要看信任度。主体间的信任度被认为是评价其亲密度的重要因素。信任是沟通的结果,通过沟通,使平台主体不断消除自我保护意识和机会主义行为。主体间相互信任、相互支持、相互理解是建立良好合作关系的前提和基础,没有了信任,缺乏了沟通,合作关系难以维持和发展,甚至会严重影响平台的运行。二是主体间的冲突度。通常情况下,冲突是伴随着合作关系而存在的,是不可避免的。过度的冲突会破坏合作关系的稳定,会对平台造成不良的影响,甚至会造成平台的瓦解。因此,采取积极的措施以增强主体间的信任度、减小主体间的冲突度,是提高平台主体间合作紧密度的有效途径。

三、校企共建创新平台运行中应遵循的规律

(一) 平台分工与合作的互补统一规律

校企共建创新平台是典型的合作组织,合作组织最大特点就是分工协作,分工与合作的协调统一是校企共建创新平台的基本运行规律之一。由于学校和企业属性差别的存在,加上各自利益的追求不同,采取分工合作是必然选择。学校和企业在平台上既要独立完成各自分担的任务,又要保证合作关系的持久稳定。为了提高平台的整体功能和运行绩效,各行为主体不但要充分发展自我,也应具有团结意识和协同观念,既独立又融合,既分工又合作。为达到平台整体利益最大化,务必加强对平台的管理,管理的关键在于使创新资源充分共享,实现合作双方的协同效应。

(二) 耦合

耦合是指学校和企业相互联结,彼此间地位平等,不存在明显的主动和被动、主导和被主导、决定和被决定的关系;但也不是彼此间简单的一致,它强调的是主体间关系的契合性或参同性,正是这种关系特征成为主

体间互动的前提。

在自然科学中，物理学较早地阐述了互动的概念，以解释物体或系统之间的作用和影响。在社会科学中，互动是一个社会学概念，是指各种因素之间相互影响、相互促进等。在系统工程领域，互动被理解为系统通过其内部具有竞争性的子系统互为因果的作用和关系。在日常生活中，存在大量的语言互动与非语言互动，正式互动和非正式互动，系统之间以及非系统之间的协作、激励，子系统要素之间的交换、互补。平台中互动的过程是平台中各种关系、各种任务协调的过程，其实质强调的是一种人际关系的协调。

在校企共建创新平台运行过程中，耦合与互动的作用不是相互游离的，而是有机统一的，二者表现为互相增强的机制。在平台创新过程中，耦合表现为关系，即主体间的静态耦合结构；互动则体现为过程，即动态的交互作用过程，这两者是相互关联的。耦合是互动的基础，直接关乎主体间互动的效率；互动是耦合效能发挥作用的方式，不间断的互动增强了主体间的契合程度。互动过程立足于平台主体间的耦合结构，耦合结构又会影响平台网络的互动整合效果，耦合关系和互动过程的结合才使校企共建创新平台表现为网络化的系统特征。从网络化系统角度出发，平台上的创新是二者共同参与并协同作用的结果，体现了结构和过程的统一。

（三）平台外力与内力共同作用的矢量合力规律

校企共建创新平台的运行离不开系统动力的支持，动力强弱直接关系着平台发展的快慢和规模。校企共建创新平台的动力包括两个方面：一方面是指平台的主体出于对各自利益的追求，相互之间产生合作的愿望和要求，即内力；另一方面是指平台本身受到外界环境的压力和激励作用，产生合作技术创新的欲望和要求，即外力。在内力和外力的共同作用下，形成矢量合力，驱动平台高效运转。

（四）平台静态与动态复合的稳定性规律

校企共建创新平台的组织架构、管理模式以及校企合作关系在短时期内显现出一定的静态性。随着平台的发展，平台中各创新主体及其相互之间的联系处于不断变化之中，平台中的人力、知识、技术及信息等创新资源也处在不断更新之中,因此,从长期来看,平台始终处于一定的动态变化之中。可见,校企共建创新平台的运行是一个发展变化的过程,是静态与动态相复合的稳定发展状态。

第四节 增强运行动力的平台促进机制研究

一、基于运行动力的平台促进机制模型构建

(一)平台运行过程中的动力特征及关键问题

1. 平台运行过程中的动力特征

(1) 利益主导性

任何社会角色要采取某一种社会行为,都必然受到某种利益期望的驱使,对于平台的主体来讲,其所有的动力都可以归纳为出于对利益(包括物质利益和非物质利益)的追求和利益的实现。平台中的企业作为营利性经济组织,其存在的根本意义在于通过开展创新活动为社会提供商品或服务,并通过创新活动在收回投资的同时获得利润和竞争优势,从而确保自身生存与发展;平台中学校主体作为非营利性组织,它对利益的追求往往表现为对技术创新中学术成果的获得及其转化,从而实现服务社会的功能。可见,利益驱动是平台运行的首要前提,是平台运行中最主要的内在动力,在所有动力中起着主导性作用。

(2) 不均衡性

平台运行过程中动力的不均衡性体现在来自不同主体的动力不均衡和来自同一主体的动力因素的强度不均衡。为此,可通过对平台主体的动力因素进行科学评价,找到动力弱的主体及主体的弱动力因素,提出增强平台运行动力的方法和途径,最终提高平台的运行效率。

(3) 互动增强性

平台的动力因素并非相互独立,而是相互影响、相互依赖、相互促进

的。动力要素之间通过相互作用会产生一种功能放大现象。随着平台合作技术创新活动的不断开展，平台的动力要素之间形成反馈效应，从而推动合作创新活动持续发展。

（4）外力内化性

平台的动力由外部动力和内部动力组成，平台的内部动力在平台的运转过程中起到促进作用；平台的外部动力作为平台的外部环境，只有转化成为内部动力才能实现其效能，内部动力也只有借助外部动力场作为自身的能量，才能与外部环境产生有效的动力响应和动力循环，并推动平台的运行。

（5）激励催化性

组织的激励机制是指组织者为了使组织成员的行为与其目标相容，并充分发挥每个成员的潜能而执行的一种制度框架。它通过一系列具体的组织行为规范和根据组织成员生存与发展要求、价值观等设计的奖惩制度来运转。平台的内部激励机制作为平台合作创新的催化剂在整个平台运行过程中起着重要的作用。平台要保持旺盛的生命力，就必须要充分调动平台各类相关人员的工作积极性。在平台内部建立合作创新激励机制是提高平台主体积极性的重要手段，平台要充分发挥激励机制的催化作用，使合作创新活动充满动力和活力。

2. 提高平台运行动力的关键问题

（1）对动力进行科学评价

结合平台的工作任务和目标，针对平台运行动力的不均衡性，笔者认为，提高平台动力的首要问题就是要对平台的动力因素进行科学评价，做到有的放矢。即通过构建平台的动力评价指标体系，对动力因素进行综合评价，找到关键动力因素特别是弱动力因素，为有针对性地制定增强动力的措施提供依据。

（2）对平台进行有效的激励

提高平台运行动力的关键问题，就是进一步建立平台的激励机制，有效的激励是平台运行动力强化的源泉。要调动平台主体的创新欲望、合作动力，达到平台的创新目标，必须在了解平台需求的前提下，利用平台的激励要素，通过特定的激励方法和途径，努力提高平台主体合作创新的积极性，从而提高平台运行的动力。

（二）基于运行动力的平台促进机制内涵及结构模型构建

所谓促进，就是通过外力的作用，使其向前发展、进步。这个外力，既包括物理学意义上的外力，也包括精神、政策、措施意义上的外力。物理学意义上的外力促进作用，如推车等。精神、政策、措施意义上的外力，如表彰奖励能促使人取得更大的进步，好的政策可以促进事业的发展，有效的措施可以促进组织的管理。

本书中，基于运行动力的平台促进机制可以从两个方面来理解，一是针对平台的动力因素，对平台动力进行综合评价，为制定提高平台运行动力的政策及措施提供理论依据；二是根据平台主体的需求，利用各种激励因素，进行有效的激励，达到激励个体、增强平台运行动力的目的。

二、校企共建创新平台的动力评价研究

（一）校企共建创新平台的动力评价指标体系

为了对校企共建创新平台的动力进行科学、系统评价，本书首先建立一套动力综合评价指标体系。主要是在校企共建创新平台动力综合评价这个一级总指标下，设立校企共建创新平台的外部动力、来自学校的动力和来自企业的动力三个二级分指标，并通过进一步分解，得到的各动力因素作为三级分指标，最终构建校企共建创新平台动力综合评价指标体系。

（二）校企共建创新平台的动力评价指标权重的确定

为准确评价校企共建创新平台的动力，必须找出各项评价指标的重要程度，并对其赋值。由于校企共建创新平台中校企合作模式不同，对同一指标的重要性判断会有所不同，因此，本书采取基于格栅获取的模糊Borda数分析法来确定动力评价指标的权重。这种方法通过强调动力评价指标在不同合作模式下的排序，使各权值的确定建立在对指标重要性进行判断的优序关系上，突出了各种模式下校企双方都比较关心的动力因素，综合了各方面的不同意见，较好地反映了各项指标的权重，是一种集定性

和定量为一体的比较实用的赋权方法。

（三）校企共建创新平台的动力评价的选取

校企共建创新平台动力大小的判定是一个涉及多指标的综合评价问题，使用的方法是多指标综合评价法。多指标综合评价法需要把多个描述被评价事物不同方面且量纲不同的统计指标，转化成无量纲的相对评价值，并综合这些评价值得出对该事物一个整体评价的方法。

目前，关于多指标综合评价法有很多，主要有三个方面，一是定性法，如幕景分析法、德尔菲法、专家评价法、加权评分法等；二是定量评价法，如因子分析法、DEA法、数学分析法、层次分析法、聚类分析法、人工神经网络评价法、灰色系统评价法、主成分分析法等；三是定性定量相结合的评价方法，如指标相对数值加权求和法及模糊综合评价法等。

在校企共建创新平台的动力评价指标体系中，评价指标是多指标且多层次的，因此，本书采用模糊综合评价法进行系统评价。由上面的分析可知，模糊综合评价法是将主观判断和客观赋值相综合、定性和定量相结合的评价方法，用于评价校企共建创新平台这个复杂系统的动力问题。

三、校企共建创新平台运行的激励研究

（一）校企共建创新平台的激励内涵

1. 校企共建创新平台的激励内涵

在组织行为学中，激励是指为了实现一定的群体或组织目标，管理者通过创造一定的环境和条件，激活个体某一或某些心理目标，使之增强对心理和行为的组织控制与调节能力，并驱使个体做出持续有效的工作努力，力求协同实现自身心理目标和组织目标的过程。本书中，校企共建创新平台的激励，是指针对平台的需求，利用平台运行中的内外部积极因素，运用各种方法和手段，使平台主体为增强平台运行动力而持续发挥努力水平的行为。

2. 校企共建创新平台的激励对象界定

由校企共建创新平台的构成可知，校企合作创新团队是平台的基本组织单元，因此，本书从合作创新团队的视角，研究校企共建创新平台运行

中的激励问题。校企共建创新平台中的合作创新团队,是指由学校教师及研究生和企业的科研人员组成的,以任务为核心,为实现共同目标,全体成员相互协作,实现人力、知识、信息、资金等创新资源有效整合的柔性组织。

(1) 合作创新团队的特点

①属于跨功能团队。平台中的合作创新团队是一个特殊的群体,它往往根据一个项目或研发任务的需要,由来自学校和企业的科研人员通过各种合作关系组建而成。从形式上看,合作团队属于跨功能团队,团队成员的文化背景差异较大。

②知识结构合理。为有效完成课题及项目的研发任务,合作创新团队具备了高水准、多样化、配置合理的知识与智能结构,团队成员具有相辅相成的知识与技能,从知识、技术储备上具备了实现平台目标的条件。

③组织结构扁平化。合作创新团队强调灵活的组织机制和对团队成员的充分授权,来自学校的教师及研究生和来自企业的科研人员,可以直接参与团队的各类决策,有充分发挥才能和能力的空间,潜能不断得到释放,个人价值得到很大的重视,是典型的扁平化组织。扁平化组织结构放宽了管理范围,增加了管理跨度,减少了很多不必要的环节,促进了工作协同,减少了内耗和不协同作业造成的延搁,产生了比个体简单加和高得多的生产率。

④目标具有挑战性。合作创新团队的目标具有很强的挑战性,能否实现具有很强的不确定性。如果失败,不仅仅是团队收益为零的问题,团队所有的人力、物力、财力的投入,都将带来负收益。因此,每个团队成员都以团队目标为努力方向,与团队的关系是一荣俱荣、一损俱损。

⑤成员间思想相互碰撞。合作创新团队成员具有很强的创新精神,合作中比较容易接受别人的意见和建议,改变工作思路和方法,提高工作效率。最关键的是,团队成员通过正式或者非正式的沟通和交流,创新思想相互碰撞,彼此间能够激发出新的思想、新的思路和创新灵感,为其高质量完成创新任务带来深刻的影响。

⑥成员地位平等。团队成员对自己负责的研发任务有较充分的发言

权，团队中不存在谁领导谁的问题，也不存在所谓的权威人物，没有严格的上级对下级的监督，没有权利的控制与争夺，而是以任务为核心，彼此间是相互平等、相互独立的，经常处于一种鼓励合作的环境中。

⑦成员合作但不否定竞争。团队中的合作并不否定成员之间的竞争，团队成员各自任务的完成情况，往往反映了各自的努力程度及研究能力，为了得到团队的认可，彼此间比学赶超。可以说，没有竞争的组织是没有活力和效力的组织，但合作创新团队中的竞争是一种合作式竞争，而不是对抗性竞争。

(2) 合作创新团队成员的特点

①文化层次高。无论是学校教师还是企业的科研人员无一例外都是高学历的，文化层次高，具有较为专业的知识背景和技术能力，经常从事创新性活动，利于创新成果的产出。

②自主意识强，自信心强。工作中强调自我引导和自我管理，有自己的观点和工作方式，乐于挑战自我，具有较强的独立工作能力。对事业表现出较强的忠诚度、责任感和事业心，有强烈的成就感需求。对所承担的研发任务有较强的自信心，信念坚定，能够为实现团队目标而不懈努力。

③具有较强的学习欲望。从事技术创新活动的人需要不断更新自身的知识，否则，其业务技能、创新能力就会下降，长此以往就会被淘汰。为了保持自身的优势和价值，团队成员要不断学习，不断更新自身的知识体系，接受新观念、新知识和新技能的挑战。

④具有开拓精神和创新意识。开拓精神是在学习和实践中逐渐形成的，创新意识具有强大的推动力，能极大地发挥人的主观能动性和创造力。团队成员对未知事物有较强的好奇心，喜欢做挑战性的工作，把攻克难关看作一种乐趣，一种体现自我价值的方式，这一点非常利于合作创新团队的发展。

⑤注重提升自身素质。为适应知识和技术日新月异的发展，保持旺盛的创新力，团队成员会选择在创新实践中不断提升自己的综合素质，不断挖掘自身的潜能，实现"学习—修炼—提升"。在合作创新团队实现目标过程的同时，团队成员也实现了自身发展和自我成长。

⑥需求层次较高。对于团队成员而言，金钱利益并不是他们唯一的追求，能从合作创新中得到锻炼和成长，获得由成功研发带来的喜悦，会更让他们满足。相对而言，机会是激励他们的重要因素。所谓机会，往往表现为参与决策、更多的责任、个人成长的机会、更多的工作自由及权限等。

（二）校企共建创新平台的激励机理

1. 校企共建创新平台的需求因素分析

（1）合作创新团队的需求分析

①科研氛围。科研氛围对平台的合作创新团队来讲非常重要，只有形成良好的科研氛围，才能使成员间彼此激发创新灵感，才能为合作创新提供良好环境，维护平台的长期稳定发展。

②资源。合作创新团队需要的资源如果得不到满足，创新活动就会停滞不前，平台也就不可能有效发挥作用。

③目标。合作创新团队的目标要明确、具体，目标要有挑战性且经过努力可以实现。只有如此团队成员才有努力的方向和动力，才能发挥更大的积极性。

④公平。公平主要体现在对合作创新团队的总收益进行公平合理的分配。由于团队的创新成果是全体成员集体智慧的结晶，彼此很难分割，给衡量个人绩效带来很大的困难。因此，合作创新团队需要公平的利益分配机制，以保证创新成果得到精确测评及合理分配。

⑤评价。对团队的评价，主要包括对合作创新团队及其成员的创新能力、努力水平、绩效产出方面进行合理的评定，只有不断地得到评价，创造出的价值得到正确的衡量和认可，才能使平台定位更加合理，健康发展。

（2）合作创新团队成员的需求

合作创新团队成员的需求是随其技术水平、工作性质和家庭物质生活条件的不同而不同的。只有了解并掌握了团队成员的具体需求之后，才能更好地对其激励，使团队的作用得到最大的发挥。激励因素是针对激励对象的需求而提出来的。依据各类激励理论，并针对合作团队成员的特点，本书将合作创新团队成员的需求归纳为以下几种。

①报酬。马斯洛的生理需求和安全需求对合作团队来说不是最重要的需求，合作创新团队成员需求的基本起点应该是劳动报酬。尽管对于个别人来说，报酬激励不是很重要，但总体而言，对科研人员进行物质激励是非常重要的。我国学者方敏通过对科研机构科技人员的职业声望的调查发现，科技人员的经济性报酬需要在各种需要中居于最重要的地位。

②尊重。合作创新团队是一个特殊的组织，在这个组织中，成员间只有彼此尊重、相互沟通，才能营造良好的人际关系氛围，有利于增强合作创新团队的向心力和凝聚力。

③表扬和奖励。合作创新团队成员经常受到表扬和奖励，其工作积极性就会有很大提高，从而有利于提高团队的工作效率。双因素理论、强化理论和 X-Y 理论都对这个因素进行了强调。

④自主权。给予合作创新团队成员更多的权力，重视其工作内容，使其产生被重视的感觉，有利于增强团队成员的责任心。该因素在成就需要理论中占据重要的地位。

⑤学习。通过合作创新团队成员间的沟通和交流，或者通过各种形式的培训及研讨等学习活动，使其掌握更多的显性知识和隐性知识。通过对团队成员创新能力的培养，不断激发其技术创新的热情，充分体现出团队中鼓励成员知识共享，提倡个人发展的合作氛围。

⑥自我实现。由于合作创新团队成员常常表现为自我超越的倾向，因此自我实现的需求显得尤为突出。自我实现是马斯洛需求层次理论的最高需求层次，意思是成为自己所希望的人，并完成与自己能力相称的事情。

2. 校企共建创新平台的激励因素分析

所谓校企共建创新平台的激励因素，主要是指对平台中合作创新团队及其成员产生良好激励作用的相关因素。

本书结合校企共建创新平台的合作创新团队及其成员的特点、平台合作技术创新的特点、合作创新团队及其成员的需求特点，将校企共建创新平台的激励因素分为有形激励因素和无形激励因素来研究。

（1）有形激励因素

①薪酬激励。当前，经济报酬还是校企合作创新团队的主要需求和主导激励因素，是最重要的激励手段。薪酬不仅是人们的基本需求，薪酬的高低也是对一个人学识、能力和所创造价值的肯定，是其社会地位高低的象征，是个人实现价值的重要体现。

②资源激励。合作创新团队中的资源来源于学校和企业两个主体，资源构成比较复杂，同时资源的有限性给团队的资源获取也带来了一定的影响。如果平台中合作创新团队所需的资源得不到满足，维持合作创新关系就是一句空话，创新的积极性就会受挫，平台的激励机制将无法实施。

（2）无形激励因素

①机会。外在物质需求的满足是必要的，但是要想从根本上调动合作创新团队成员的积极性和主动性，必须对其进行内在的精神方面的激励，机会是精神激励的重要因素之一。机会往往表现为参与决策、承担更多的责任、个人成长等，即强调给人以成长、发展和晋升的机会。

②授权。合作创新团队及其成员都有着自己特定的专业知识，因此，一般来讲，自我意识强，希望在合作中采用自己喜欢的工作方式，乐于自由支配自己的时间，不喜欢他人的干预和没有授权的任务。在信任的基础上得到授权，是对合作创新团队及其成员的另一有效的激励因素。

③学习。合作创新团队成员都是知识型的，通过各类内容丰富的培训活动或者不同形式的学习，使其不断更新知识体系，保持在各专业领域的领先优势，进而保证创新能力的不断提升。

④目标。由于团队成员喜欢工作具有挑战性及工作内容的丰富多变，通过实现组织目标最终实现其个人目标。因此，设定团队目标时应充分考虑目标的挑战性及可实现性，来提高团队及其成员的满意度和成就感，形成更高的激励状态。

⑤制度。建立科学、规范的管理制度，如绩效考核制度。通过对制度的贯彻实施，充分体现一种激励人、鼓舞人的有效机制，并运用这种机制和环境，使合作创新团队及其成员能始终保持一种积极向上的状态，保证平台正常稳定运转。

⑥文化。良好的团队氛围能使团队成员在交往中有一种志同道合的感受，形成有利于合作的内部环境，使他们在工作中有更多的沟通与交流。再进一步讲，团队成员间互相交流信息、共享知识，客观上也为合作创新团队营造了良好的科研氛围。

3. 校企共建创新平台激励的目标

为增强团队成员对合作创新团队总体目标的认同和承诺，务必使其价值、情绪和自我效力都达到较高的水平。为了达到这一目标，结合合作创新团队的特点，在具体设置团队目标时应当注意以下几个方面。

（1）目标要具体且可实现

需要决定行动，行动是为了达到一定的目标，因此，团队的具体目标对团队成员的行为起到引导和激励的作用。目标越具体，行动才越有方向感，团队成员通过不断修正自己的行为，逐渐缩小到达目标的距离。同时，目标既可以实现，又易于考评；既要符合大多数人的愿望，又要有相应的报酬承诺。

（2）目标要具有挑战性

挑战性的目标对团队来说十分重要，这不仅是技术创新活动本身客观的要求，更是对团队成员的知识和专业技能的尊重。这种挑战性还必须与团队成员的能力相适应，否则，不但起不到激励的作用，甚至还会挫伤其积极性。

（3）团队成员目标要与团队目标相符合

对于团队成员来说，自身的个人目标要与团队目标相符合才是最有意义的。在社会环境下，人的理性是有限的，团队目标是否有意义，取决于它与团队成员共同价值观的吻合度。

（4）减少限制团队目标实现的客观因素

减少影响团队实现目标的客观因素，这就要求给予团队更大的空间，使团队具有自主权，为实现团队的目标构造良好的环境，创造各种条件，使得目标实现的难度适中，并在团队成员的可控范围之内。

4. 校企共建创新平台激励的实现途径

联系校企共建创新平台的需求因素、激励因素和激励目标的途径主要包括分配制度、行为方式和信息沟通渠道。其中，分配制度将平台的激励因素和目标因素联系起来，行为方式将需求因素和目标因素联系起来，信息沟通渠道将需求因素和激励因素联系起来。

（1）分配制度

分配制度之所以成为激励因素集合与平台目标体系之间的连接，原因在于激励因素的分配是通过分配制度与团队成员完成目标的程度（绩效水平）相关联的。也正是由于分配制度的存在，才使得团队成员在努力完成个人目标后得到了相应的收益，收益的多少和内容也是由分配制度决定的。

（2）行为方式

团队成员总是通过一定的行为方式来实现平台的总体目标，进而使自身的需求期望得到实现和满足。因此，行为方式成为团队成员个人需求与平台目标间的一个通路。

（3）信息沟通

通过信息沟通，一方面，平台能及时、准确地掌握团队成员的需求，从而确定相应的激励因素；另一方面，团队成员可以了解到平台有哪些激励因素，进而通过努力获得相应的激励资源。

5. 校企共建创新平台的激励机理模型

本书从合作创新团队及团队成员的特点出发，结合平台的需求要素、激励要素、目标要素及实现途径，构建校企共建创新平台的激励机理模型，主要解决两个方面的问题，即三因素和三途径。所谓三因素是指明确平台的目标因素、激励需求因素和激励因素；三途径是指找到联系三因素的途径，包括分配制度、行为方式和信息沟通渠道。

总的来讲，模型具备了整体性、相关性和结构性特征，是由相互联系的需求因素、激励因素和目标因素结合在一起并共同发生作用的统一体。具体特征表现为三个结合和三种实现。三个结合包括：个人需求与团队需求相结合；有形激励因素与无形激励因素相结合；个人目标与团队目标相结合。三种实现包括：信息沟通实现了从需求到激励的适应关系；行为方式实现了从需求到目标的转变；分配制度实现了目标与收益的对应关系。

(三) 校企共建创新平台的激励方法

针对平台激励中存在的问题，使平台的管理活动达到人性化与制度化的平衡，依据现有的激励理论和激励方法进行适度整合，设计出一套与平台发展相适应的激励方法十分必要。校企共建创新平台的激励按照其激励对象和激励内容的不同，可分为团队激励和个人激励，具体采用哪种激励方式，需要遵循一定原则。由于合作创新团队成员分别来自学校和企业，合作过程中，团队的凝聚力有待提高，个人的贡献率不易测度，因此，平台的激励往往趋向于团队激励。由于平台存在其特殊性，其创新资源分别来源于学校和企业，在激励方面，还不能一刀切，需要结合有效的个人激励。因此，本书认为校企共建创新平台的激励机制应该将激励团队和激励个人结合起来。

(四) 校企共建创新平台的激励模型

针对平台激励中存在的问题，使平台的管理活动达到人性化与制度化的平衡，依据现有的激励理论和激励方法进行适度整合，设计与平台发展相适应的激励模型十分必要。

1. 理论的需要

根据委托—代理理论，在信息不对称的情况下，所谓的"搭便车""道德风险""逆向选择"等问题时常出现。校企共建创新平台激励研究，一方面可以减少团队中"搭便车"等行为的发生，提高团队成员的工作积极性和绩效；另一方面可以给平台的管理者提供激励理论基础，用来分析合作团队及其成员的工作满意度以及对其进行合理评价。

2. 实践的需要

在平台的管理实践中，单凭一个激励理论不能显著提高合作团队的绩效，必须采用有效的激励方法和手段，才能更快、更好地达到合作创新团队的目标，提升团队成员的积极性、满意度、成就感，进而实现平台的目标。

3. 平台发展阶段的需要

我国校企共建创新平台研究正处于起步阶段，平台的发展模式、管理方式、控制手段以及评价与控制方法需要进一步深入系统研究，平台的激励机制还不够系统、科学、规范。

本书采用委托—代理差异激励模型。根据委托—代理理论，校企共建创新平台中的代理人一般是指合作创新团队，委托人一般为出资人，对于平台中共担课题模式，政府是委托人；对于合作技术研发模式，企业是委托人；在共建实体模式下，企业和学校都有可能成为委托人。总之，委托人一般不在代理人之列。在本模型中，委托人不再独立于合作创新团队之外，而是同其他团队成员一样，成为团队中不可缺少的组成部分，同其他团队成员一起，共担风险，利益共享。它的特殊作用在于负责监督协调团队成员的工作，使团队成员能发挥出最大的努力水平，提高合作创新团队的产出。

第八章

高职教育校企合作长效运行的发展思路

第一节 校企合作的管理工作

一、职业教育校企合作的教师培养

(一) 当代职业教育教师应具备的素质

随着职业教育的发展和变革,职业教育教师队伍结构也发生了变化,无论是职业院校专职教师还是企业兼职教师,不仅需要具备一般的教育素质,还需要具备特定行业的职业素质。

1. 教师应具备的教育素质

教师是履行教育、教学职责的专职人员。履行教育、教学职责,教师要具备优良的综合素质才能胜任。

(1) 教师应具备良好的职业道德和身心素质,热爱教育事业,带着丰富的情感和坚强的意志奉献于教育事业,这是教师从事教学工作应遵循的道德规范,是教师从业需要具备的职业素养。

(2) 教师应具备精深的专业知识和全面的科学文化知识,精通专业基础知识和专业知识，掌握专业前沿知识，对政治思想理论知识和基础自然科学知识有基本认知，这是教师完成教育工作的基本条件。

（3）教师应具备深厚的教育理论知识，较强的教学教育能力，能够进行较好的教学设计，对教学过程有娴熟的调控能力、组织协调能力，具有与学生良好的沟通能力和处理突发事件的应急能力，这是教师保证教育质量的必要条件。

（4）教师应具备创新能力，善于接受新信息、新知识，分析新情况、新现象，解决新问题，不断更新自身的知识体系和能力结构，以适应外界环境变化和主题发展的需求，这是培养具有创新能力学生的必要条件。

2. 职业教育教师应具备的特殊素质

职业教育的目标是培养社会需要的具有一定专业技能的应用型人才，这就对职业教师提出了特殊的素质要求。

（1）职业教育教师要有丰富的实践经验，较强的动手能力，熟练的专业技能。如果想培养出应用型人才，教师就必须是应用型精英。

（2）职业教育教师还要具备专业教学任务转移的适应能力和职业课程开发能力。职业教育与产业发展关系密切，产业结构调整和人才需求变化决定了高职教育的专业教育内容与专业设置经常处于变化之中，这就要求职业教育教师不断地接受新的教学任务和教学工作，对其适应性提出了较高的要求；另外，社会职业结构的动态调整和重组，对特定职业人才定制培养，需要进行职业课程的定制，在应用范围较广的教材不能满足针对性需要时，就需要职业教育教师自主开发职业课程。

（3）职业教育教师要有一定的社会活动能力、技术推广能力、就业指导能力和创业教育能力，能够做好学生的职业准备，以至服务于社会的企业内训、职工转岗分流和下岗职工再就业。

（二）积极发展学校专职教师的教学技能

1. 校企合作对职业学校教师发展的作用

（1）有利于教师认识和改变发展环境

教师在追求发展的过程中需要一定的空间环境，同时，教师要不断拓展更大可能的空间，这样才有利于生存和发展。教师提升发展的自觉性，其目的是使每个教师都意识到自己能成为自身职业生涯的主人，只要努力实现自我更新，就能胜任当代教师的职责，并在成就学生的同时提升自己的职业尊严。

校企合作打破了原有的教学模式，教师认识到自己的教学环境发生了改变，这种危机使教师不得不改变现有状态，新的教学模式应运而生。教师不再局限于理论上的教学，而是利用更多的实践习得来支撑整个教学活动，来满足学生就业的要求。只有认识到这些，教师才会产生投入教育变革的自觉。职业学校的教师必须学习和掌握他们工作相关的学科理论与行业实践技能，把职业学校专业教师定位为具有较高的科学文化水平和具有教育理论知识、技能与态度，作为能否胜任教育教学工作的基本要求或条件。现代专业教师必须既是教育学者又是行业专家，两者缺一不可。

（2）有利于教师教学、研究能力的提升

职业教育要求教师具有将过去熟悉的系统理论知识改造成系统的应用知识的能力；要把行业、职业知识及实践能力融入教育教学过程的能力。学校从校内封闭教学到开放式的工学结合教学已经成为职业教育发展的主流，传统的以讲授为主的教学方法已不适应学生技能学习的需求。随着大众传媒和信息化发展，以及学生获取知识渠道的拓展，教师应不断拓宽知识面以满足学生的需求。校企合作下教师已不仅仅是教给学生课本上的知识，更需要给予学生必备的实践经验。教师在与企业的合作中了解到企业对学校教育教学中的知识、技能、思想品德等方面的要求，从而改进教育教学方法，不断提高教育教学水平。

教师的研究意识、研究能力是教师发展的重要内容和支撑。职业学校的教师，不能仅限于完成教学工作，还应该结合教学实践，开展科技研究与成果开发。与普通教育教师偏重于理论研究不同，职业学校教师偏重于应用方法的研究和高新技术的开发与推广。职业学校教师结合实训教学中发现的问题，确定研发项目，在研发过程中提高教师的实践教学能力和学生的动手能力；同时，在加强与企业的合作中，教师要立足实习基地，加大应用性研究，有针对性地开展面向社会、企业的应用技术研究与新产品、新工艺开发等，促进科技成果迅速转化为现实生产力。开展教育科

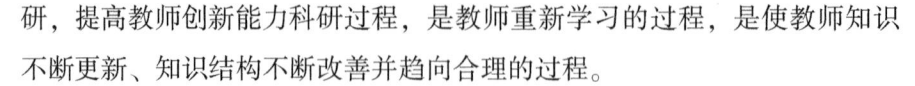

研，提高教师创新能力科研过程，是教师重新学习的过程，是使教师知识不断更新、知识结构不断改善并趋向合理的过程。

(3) 有利于教师专业技能、实践能力的提高

随着社会对高技能人才的需求，职业教育得到快速发展，而职业教育要取得高质量的成果关键在于教师。职业教育对教师的专业技能、实践能力提出了很高的要求，尤其是在相关行业、专业的从业素质和经验方面，而这方面的素质和经验都不可能通过教师教育在学校内获得，但校企合作可以解决这一难题。

校企合作使得职业学校的教师也有机会进入生产第一线，接触先进设备，提高自己的生产技能，巩固自己的理论知识，而不是仅限于书本，脱离生产实践做填鸭式的教学，这也为高职教师成为双师型教师创造了有利条件，是对高职教师在岗培训缺乏的有效补偿方式。

(4) 有利于教师与企业合作能力的培养

合作能力是指为了达到某种目的（个人的或共同的），运用自己的长处为他人服务并利用他人的知识和经验弥补自己的不足，以形成更大的力量使得双方都能获得利益的能力。当前，教育十分强调团队精神，这便要求教师自身要具有这一品质，学会与人合作是教师职业能力的重要一环。合作能力最重要的就是处理好合作者之间的关系，合作最需要的是宽容、同心协力、求同存异，缺少这样的和谐，合作就不可能形成合力，合作事项就不可能取得成功。在校企合作中，行业企业积极参与到教育教学中，与学校共同进行教学质量评价、共建实训基地、共同培养双师型教师以及共同开展项目研发等。因此，学校与企业要有合作教育观念，互相信任，互相合作，使学校的专业设置与企业有机发展相适应，使学生的素质与企业的需求相适应。如果离开了这种互助合作交流，新的知识就不会得到实践检验，一些综合的、前沿的知识更不会被同化在教师知识体系中，教师也不会习得他人亲历实践所总结的宝贵经验，那么成长和发展的速率就会减慢，创新更是无从谈起。教师与企业专家的交流与合作是提高教师专业能力的重要途径，缺乏交流与合作会导致教师队伍发展停滞。

（5）有利于教师改变教学观念和育人模式

职业教育与市场需求密不可分，课程体系针对性和实用性强。这种以市场为导向的办学理念对传统的教师教育办学理念、育人模式提出了极大的挑战，要求教育办学理念进一步更新，要求教师与社会需求联系得更紧，育人模式更开放、更灵活。

职业教育强调以学生的动手能力为中心，这要求教师要不断转变教育思想，更新知识结构。教师不仅拥有精深的学科理论知识，还应该有熟练的操作技能，以加快自己职业化成长的速度。要将新观念、新理论、新知识、新方法运用到自己的工作实践中，并发挥积极的作用，成为教育教学创新力。教师必须理论联系实际，不断反思自己的教育实践，总结经验，从理论到实践，从实践到理论，再到实践，从而形成自己的教育思想、教育理念。

（6）有利于教师不断深化课程建设和课程改革

由传统教育改革观向现代教育观的转换，意味着教师在课程与教学改革过程中的主体意识和教学研究意识应有所加强。课程开发是教师教学的一项重要工作。校企合作下的课程应该是教师与企业专家联合创造的教育与实践经验，课程实施本质上是在具体教育情境中创生新的教育经验的过程。

教师素质的高低会影响学校教育课程改革的能力和步伐，只有提高教师的课程意识和参与课程的能力，才能从根本上保证职业学校教育课程改革的顺利进行。校企合作在很大程度上要根据企业要求设定专业和课程，合作企业的变更、发展等外在因素的变化，都将导致学校专业及课程设置的对应调整，这会导致专业和课程稳定性相对较弱，不利于专业建设的稳步发展。作为课程开发的教师和行业专家应密切联系所在学校和企业的实际状况，以学校的办学理念为前提，开发出彰显职业学校特色的课程。

2. 校企合作下专职教师培养策略

（1）组建双师型师资队伍

目前，职业学校教师队伍专业化程度不高，专业教师队伍力量不强。专业教师虽有深厚的学科理论知识，但缺乏对行业实际工作的了解，因而缺乏行业实践经验，致使理论脱离实际的现象较严重，很难成为学科带头人。因此，强化职业学校双师型教师队伍的质量建设，已成为提升职业学校核心能力的首要任务。双师型师资建设是职业教育发展的关键，它直接影响职业学校的办学质量和高技能、应用型人才的培养。可以采取以下两种途径来推进双师型师资队伍建设：一是引进或聘用既有丰富实践工作经验，又有较高理论知识水平的企业或行业高级技术人员充实教师队伍或做兼职教师；二是鼓励教师向双师型发展。学校定期选派专业教师到企业挂职锻炼学习，使教师接触现实岗位工作环境，了解学生毕业后工作岗位的基本技能和业务要求，使培养的学生更能适应企业的要求。

（2）制定优质的校企合作课程体系

学校在制定高职人才培养方案的过程中，既要遵循教育教学规律又要依据企业的需要，课程体系开发与建设是推动专业建设和提升专业教学质量的重要举措，居于核心地位。因此，学校与企业共同制定的课程体系要结合职业教育的特色，开设一些实效性高、应用性强、对学生有实际指导意义的优质课程，筛选出符合学校发展、企业需求的课程内容。在校企合作开发课程的过程中，要明确各自的职责，教师是课程开发的主体力量。在合作中教师和企业专家可以取长补短，如在课程开发和建设中，教师会遇到大量需要规范的内容，而教师对现实工作岗位的具体要求和行业标准知之甚少，因此，这就要求引入企业、行业界的技术力量，由企业专家为教师提供智力、技术支持。企业专家分析出来的职业能力和职业标准对开设的课程才具有特别指导性，开发出的课程才具有现实指导意义，培养出来的学生才能够胜任某一岗位或者相近岗位群的能力要求。因此，优质课程建设有利于提升教师的专业水平。

（3）探寻教师发展的多种路径

每一位教师都有发展的需要，都有面临观念更新、知识更新从而跟上时代发展步伐的需求。因此，开展不同层次的培训项目，对提升教师的素质具有现实意义。校企合作教师的培养有很多种形式，例如，参加教育部组织的教师专业技能培训获取资格证书；制定职教教师入职标准，建立在职教师师资学位制度；注重职业教育师资培养培训基地建设，让更多教师参与培训；专业教师定期到对口企业单位实习、挂职锻炼；校企双向互派学习，让教师直接深入第一线，企业直接参与到学校办学过程中；共同参与企业研发项目，以促进教师相关专业的发展。这些培训方法都能积极推进教师的培训，使教师培训走向社会化。

（4）积极推进校企间学术科研交流

职业教育人才培养目标调整带来的对于科研能力的强调，迫使教师应以本专业本学科知识为主线，紧跟科技前沿动态，积极主动向相关学科知识领域深入。校企合作的开展帮助教师找到理论联系实践的结合点，更有利于教师科研项目的顺利开展，从而进一步提高教师的科研能力。同时，学校凭借人才集中、技术集中的优势，尽可能地派出教师同企业技术人员组成攻关小组，共同开展项目研发。加强校企之间的学术交流与合作，活跃学术氛围，增强科研实力。在交流研讨过程中，既解决了企业的技术难题，又能提升教师业务和科研水平。校企间的学术科研交流，也是强化教师为地方服务的功能，提高为企业服务的能力。社会服务职能是教师的人才培养职能和应用技术研究职能的合理延伸。坚持"以服务为宗旨，以就业为导向"的高职教育是与地方经济社会发展最为密切的教育的观念。

（5）建立专门的校企教师发展组织机构

职业院校校企合作工作虽然取得一定的成果，但还存在着一定的问题，一些院校只停留在表面层次意义上的校企合作，并没有达到校企融合的合作程度，这种合作方式还需要进一步的探索并加深，归根到底是缺乏校企合作制度的支撑。为此，应充分考虑利用政府机构的桥梁职能。目前，国家没有建立专门的协调机构来负责设计、监督、考核和推行校企合作，使得校企合作项目难以获得企业主管单位、劳动部门、教育部门的充分协调。为了实现校企双赢的目标，必须大力开展现代学徒制，建立校企合作新机制，这就需要政府部门积极采取有效措施，让企业在确立市场需求、人才规格、知识技能结构、课程设置、教学内容和成绩评定等方面发挥相应作用。学校在关注企业需求变化的同时，应在政府相关部门的指导下进行专业方向、培养规模的衡量和培养方案的调整，真正把校企合作、培养高素质技能型人才工作做好。例如，建立教师发展中心、教师企业工作站、教师国际工作站、青年教师工作室、青年教师成长学校等，搭建优质的硬件平台和软件平台保障教师发展。

（三）完善校企合作下外聘兼职教师队伍

校企合作运行过程中，不仅需要专职教师，还应聘请企事业单位的专家、技术骨干、能工巧匠到学校担任兼职教师，传授实践技能和知识技术的应用，承担部分专业实训课及相关课程教学任务。

1. 外聘兼职教师的任职条件

外聘兼职教师要具有以下任职条件：具有良好的师德，较强的敬业精神；具有一定的教育教学经验，熟悉高等职业教育的教学方法；具有中级以上专业技术职称或本科以上学历，专业知识水平较高，能胜任所讲授的课程或毕业设计（论文）的指导工作；某些专业课程经批准可适当放宽任职条件，但需持有相关专业职业资格证书，或技能岗位等级高级工以上，或具有相关专业 3 年以上工作经历；身体健康，精力充沛，能完成教学任务。

2. 外聘兼职教师的职责

外聘兼职教师的职责如下：教学工作量包括上课、辅导、批改作业、出试卷、批改试卷、评定成绩、试卷材料归档等；按学校的教学计划、课程标准等教学文件进行讲义组织和教案制定，按行动导向、学生主体的要求实施教学，必须备有所教课程的教案，以保证教学质量；严格按照课程表讲课，未经聘任学院和教务处批准，不准擅自调课、停课或者更换教师。因事因病请假，复课后必须及时补课；认真进行课程辅导，作业批改；参加所授课程试卷的出题、监考、评卷等工作；在每学期课程考试结束后，按学校要求及时录入和送交学生成绩，并按照学校对试卷相关材料的要求，提供相应的材料；参加各院（部）组织的集体教研活动，每学期参加教研活动不少于 4 次，并对学校的各项工作提出合理化建议，共同搞好教学活动。

3. 外聘兼职教师的管理

外聘兼职教师管理由学院（部）、教务处、督导处和组织人事处负责。各院（部）按统一的要求建立起本学院（部）外聘兼职教师档案。组织人事处汇总并建立全校外聘兼职教师档案库。各院（部）具体负责兼职教师的日常管理工作。每学期召开一次外聘兼职教师工作会议，了解外聘兼职教师的教学情况，通报学校教学信息，总结教学工作。教务处负责审核和检查兼职教师的教学工作量。兼职教师的教学质量由督导处和院（部）共同监控。督导处、各院（部）根据教学计划的要求，应不定期抽查和了解外聘兼职教师的授课情况和课程辅导、作业批改等情况，检查教学质量。对学生意见强烈、教学效果差或严重违纪的外聘兼职教师，由督导处、各院（部）研究后及时予以辞退，并由各院（部）做好后续工作。

外聘兼职教师应灵活安排教学时间，与学校教师共同开发实践教学课程内容，负责学生技能训练指导，承担实践教学任务，确保优秀兼职教师到校上课；专任教师到合作企业顶岗实践，提高教师实践能力；教师参与企业的技术革新、设备改造与新产品的研发，承担企业员工继续教育的培训工作。

二、职业教育校企合作的学生管理

校企合作办学是职业教育改革的重要方向，是大力发展职业教育的必然要求，也是职业教育最优的人才培养模式。校企合作的主体是学校和企业，但最终的落脚点仍然是在学生身上，开展校企合作这种模式的教育，目的就在于培养高素质技能型的人才。但实际上，校企合作背景下，学生的教育管理还不够成熟，严重影响了校企合作对学生培养的实际成效。因此，探索学生管理工作，成为职业学校和企业迫切需要解决的问题。

（一）校企合作下学生管理面临的问题

职业学校无论是采取何种具体的人才培养形式，都会给学生管理工作带来一些新情况、新问题，这必然会给学生管理工作造成困难。

1. 管理制度的缺失

目前，校企合作办学的模式尚处在探索阶段，在学生管理上缺乏专业性管理人才，学生工作队伍的建设比较滞后，学生管理制度不完整、不健全，主要体现在三个方面：一是学生管理过程中的"空区"较多，以至于无章可循，给管理工作带来很多困难；二是一些临时性、应急性的措施与规章制度并存，朝令夕改难以避免，致使学生管理制度缺乏严肃性、连续性和持久性；三是由于制度本身不严密和人为因素的干扰，执行力不到位，最终使管理制度失去权威性。

2. 办学主体多元化的矛盾因素

因办学双方共同拥有管理权和支配权，在缺乏第三方机构有力干预的情况下，学院的办学经费往往要受限于企业的投入，尤其在学院发展初期，由于教学软硬件设施建设投入较大，出于对成本的控制的考虑，行政人事资本的投入相对较少，致使合作办学学院学生管理队伍中辅导员人数和学生人数比例在短期内难以达到教育部的要求，造成学生管理难度增加，大大降低了管理效率。

3. 学生自我管理能力不足

校企合作办学的学校学生文化基础相对薄弱，个体差异大，学习积极性和自我约束能力也较差。大部分学生家庭经济条件较好，个性强，依赖心理较为严重，习惯中学阶段保姆式的被动管理模式，不能适应以管理者为主导、教育管理者和被管理者共同参与、相互协调和双向统一管理的模式。不会合理规划大学生活，不能自主协调学习和娱乐时间，旷课现象普遍，学生心理问题严重，集体主义意识淡薄。

4. 学生管理的理念落后

受传统的学生管理模式的熏陶，学校管理者往往只强调了"合"学生，而忽略了学生本身和环境变化、家庭影响等因素，更没有服务学生的意识。随着社会的不断发展，学生在思想和行为等方面呈现出多元化的特点，学生之间个性差异大，传统的教育式容易使学生产生抵触情绪，使学生的教育本末倒置。

5. 学生诚信意识淡薄

学校和企业开展校企合作，双方都投入了大量的资源。合作一旦展开，校企双方就要承担各自的责任、义务。因此，学生在与企业签订就业协议书时，也要讲诚信，并为自己的行为担负应有的责任。但现实情况是，一些学生进入企业后，认为实际工作条件、待遇等方面与自己的期望有差距，经常出现毁约现象。这造成了用人单位对学校的不满，为校企合作增添了不和谐因素。这反映了学生进入企业顶岗实习的随意性较大，学

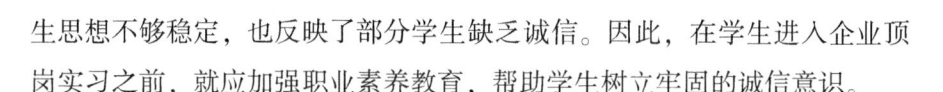

生思想不够稳定，也反映了部分学生缺乏诚信。因此，在学生进入企业顶岗实习之前，就应加强职业素养教育，帮助学生树立牢固的诚信意识。

(二) 学生进入企业前后的管理工作

1. 学生进入企业前

学生进入企业前，要进行培训。很多实习生进入企业前大多抱着美好的期待和从学校解放的心情，未曾想过学校的生活与社会、工作生活是存在很大的不同的，主要表现在与人交往方面以及对于自己的定位不准，故而在进入企业后的前几个月会出现不适应，甚至会经常产生离开单位的想法。因此，学校要针对学生进入企业后出现的若干问题，对学生进行引导教育，使得学生做好进入企业后的思想准备，勇敢地应对进入企业后出现的种种问题，以更积极向上的心态解决这些问题。

首先，学生明确校企合作的意义和目的，激发学生学习动机，避免学生产生"学校不管我们了"等消极思想。其次，学生明确校企合作的学习方式的目的、意义，并结合他们的工作岗位特点，有针对性地进行深入细致的顶岗实习前教育和培训，提高学生对企业和岗位的认识。最后，学生离校实习前，要求严格签订好相关的协议书和保证书，加强学生对实习期间安全、法制等方面的重视。

2. 学生进入企业后

（1）建立完整的学生个人档案

在校企深度合作的背景下，现代学徒制的培养模式，使得学生不断地变换着自己的角色，这个时候，学生的思想和心态很容易产生波动。社会上一些好的与不好的方面，都会或多或少地影响到学生的人生观和价值观的形成。为了更好地了解学生的情况和变化，需要建立完整的学生个人档案。

（2）辅导员要转变好角色

辅导员是学生的直接管理者，在现代学徒制的背景下，辅导员所发挥的作用显得尤为重要。学生在学校学习期间，辅导员按照学校的常规方法、规则来管理学生。例如，开班会了解学生的相关需求；定时检查上课出勤率；找学生谈心，了解他们的心理状况；开展各种知识技能大赛，丰富学生的课余生活，巩固他们的知识。在学生进入企业实习后，既有学生身份，又有学徒角色，双重角色能使学生的内心产生一些变化，学生既为进入真实的工作岗位感到激动，又为离开熟悉的学校感到忐忑不安。在全新的环境中，学生往往容易忽视学校的管理和指导，造成他们不遵守企业和学校对顶岗实习的安排和管理。因此，辅导员需要转变好自己的角色，要按照企业的规章制度、运作要求和文化内涵来管理学生。

（三）校企合作中学生管理工作创新

1. 校企联手寻求灵活有效的心理教育模式

根据现代学徒制模式下学生的心理特点，应寻求灵活有效的心理教育模式，这种模式应该贯穿学生的整个大学生涯。

（1）要建立心理疏导机制

在实习之前，有些学生可能会对实习不理解，不认同学校的这种安排，认为大学生就应该在校园里多学习知识。另外，还有一些学生踌躇满志，向往社会，向往工作，实习满足了他们开拓新天地的渴望，但又感到自己缺乏专长，缺乏竞争力，对即将面临的实习感到恐慌。基于这种情况，应建立起一套完整的心理疏导机制，即从学院领导到相关教师再到辅导员都必须重视学生的心理波动。耐心讲解实习的目的、意义，使学生能够以更成熟的思维方式去分析问题、解决问题。学生在校期间，应发扬传统教学模式的优势，多开展各种学生活动，使学生学会如何与人交流，如何正确认识自己，形成积极向上和乐观的生活态度。

（2）要建立心理互助小组

这主要是针对在企业实习的学生。把去同一家企业的学生编成一个或多个心理互助小组，每个小组定期举行活动，在活动中大家既可以互相倾诉烦恼，也可以共同分享快乐，通过这样的方式，使每个学生都能获得心理上的安慰，避免心理疾病的发生。

（3）建立信息联络员制度

在实习期间，选择一些责任心强、善于与人沟通的学生作为联络员，这些联络员通过网络、手机等多种方式将实习情况及时反馈给辅导员或相关企业的管理人员。

（4）建立有效的沟通机制

这种沟通是多方面的，包括辅导员、相关教师和企业指导老师的沟通；辅导员与企业实习学生的沟通；企业负责人与学校负责人之间的沟通等，及时解决学生碰到的心理难题。

（5）健全实习结束后的心理辅导机制

学生结束实习返校后，辅导员及相关教师可采取总结报告、座谈讨论、个别谈心、评比竞赛等方式，引导学生结合实习，做好分析总结，并注意在今后的学习、工作中不断改进、提高。这样，校企合作模式下学生管理工作才能产生实际效果。

2. 校企合作形成创新的学生管理机制

学生管理工作是一个复杂的过程，它不仅涉及学生工作系统，而且从学院的角度出发，全院的行政系统都应是实施学生管理机制的主体。各级院领导应充分重视学生管理工作的重要性，切实加强对学生管理工作的领导，做到职责明确，体制健全，形成一套行之有效的管理机制。校企合作模式注重学生实践能力的培养，使学生在校期间就能尽早地进入企业学习。相对来说，学生在校内的时间缩短、在校外实习时间变长，使学生管理工作和思想教育工作的难度增大。例如，某计算机科学与工程学院推行学生工作辅导员制，同时，学院院长、分管教学工作副院长、分管学生工作副院长都参与到学生管理工作中来。为了让广大教师更好地了解学生、理解学生、关爱学生，使其真正做到既教书又育人，使教学工作与学生管理紧密结合，开始实施主要教师（包括校内教师和企业的培训师）参与学生管理制度。有了这项制度的保障，辅导员与主要任课教师经常沟通交流，便于了解学生的学习、工作、生活状态，便于发现学生存在的问题，有针对性地进行辅导。

学生管理机制不能忽视学生自我管理的重要作用。特别是进入高年级阶段，学生的自我管理显得尤为重要。此时学生对自己的未来进行了规划，形成了较为成熟的想法，需要朝着个性化的道路发展。学生自我管理并不是指学校和辅导员对学生不再进行管理，而是学校通过宏观调控，完善各项规章制度，培养学生自我管理的能力；针对学生在自我管理过程中出现的问题及时给予帮助和指导。这大大提高了学生自我思想的转化和良好行为习惯的养成,提高了学生的管理能力,让学生能够更快适应企业的生活,适应社会。

学生管理的激励机制也是必不可少的。学校可以通过与企业联手设立各种奖学金,组织各种优秀学生的选拔比赛等。鼓励学生以企业的实际项目为课题进行创新研究;结合校内课程学习成绩,由学校与企业共同考核确定;优秀毕业生可优先被企业录用;实习期间由企业考察选拔储备管理干部人选。

校企合作模式下学生管理方式需不断创新。由于学生所处的学习环境发生了变化,不再是单纯的学校环境,很多传统的管理方式因为时间、地点、人数等原因无法正常开展。所以,仅仅通过谈话、沟通等传统方式是不能达到良好的管理效果的。因此,学生管理人员(主要是辅导员)可以通过定期到不同的实习单位走访、网络沟通等方式了解学生实习生活的情况,及时解决学生思想、心理问题;在活动组织上也应根据企业情况、学生时间情况等因素以灵活形式进行。学生管理工作不仅仅是学校的工作,更应得到企业的支持和配合。企业应配备专人负责学生的管理工作,定期开展企业文化、职业道德等方面的宣传和教育,帮助学生既练技能,又学做人。校企双方形成教育合力,搭建全员、全社会育人的架构,提高高职教育管理工作的实效性。

3. 校企文化融合尝试新型的教育理念和管理手段

校企合作模式必然会带来校园文化和企业文化的融合。学校应扬长避短,充分发挥企业文化的积极作用,引导学生针对自身的问题进行改进。学生在学校文化的氛围中形成了积极向上的人生观、价值观,在接受企业文化的过程中学会了与人沟通、与人合作等能力,从而使学生在学习知识的同时也学会如何做人。在学生管理模式上可以参照企业的组织模式设置班委,以企业的管理模式实行"总经理(班长)负责制",按照企业的制度制定班级规章制度,结合企业和专业的特点规划班级活动,以项目的形式组织班级活动,从而使学生在校期间就能感受企业文化氛围,帮助学生毕业后更快地适应企业的工作。

三、职业教育校企合作的运行管理

运行管理是职业教育校企合作管理工作中最重要的一部分，也是保证学校和企业完成合作教学的主要过程。依照当前比较成功的范例，校企合作运行过程主要分为下列步骤。

（一）分析人才需求，开展招生招工

1. 确定用工岗位

确定合作企业以后，学校和企业一起研讨，对企业的人才需求进行分析，具体包括各岗位的在职人员数量、目前技能水平的现状、过去几年各岗位的招聘人数，根据企业的生产规模和发展规划，科学预测未来几年各岗位人才的需求数量，以及各岗位的技能要求发展状况，撰写该企业的人才需求分析报告，从中确定企业的哪些岗位符合学校的专业设置和国家职业标准，将这组岗位确定为校企双制班学生毕业后的工作岗位。该环节需要根据培养层次（中级工、高级工或技师）结合企业岗位实际来确定。

2. 制定人才培养目标

在确定了校企合作的工作岗位群之后，学校专业骨干教师需深入企业，与各岗位现职人员深入交谈，记录调研数据，撰写工作分析报告。对若干个岗位进行更详细的职业与工作分析，了解每一个岗位的具体能力要求，包括胜任该岗位所学知识与技能、工作素养、通用能力等，在此基础上描述人才培养的具体目标。

3. 组建试点班级

确定了人才培养目标后，就可开展招工的工作，常见的有下列三种情形：一是企业通过社会招聘确定一批准员工（或从在职员工中组织一批人员），输送到学校作为正式学生共同培养；二是学校完成新生录取后，企业在学校的新生班级或二年级的班级中招聘准员工，重组成为校企双制班；三是在招生前期，企业与学校一起开展招生招工。在招生招工过程中，可以通过宣讲会、现场会等形式对学生进行招聘动员，使学生了解企业，从而踊跃加入校企合作班。

(二) 分析学习任务，开发课程内容

1. 分析学习任务

在正式组建了校企合作班以后，专业教师需要召集企业相应岗位的在职人员开展访谈会，各与会人员介绍岗位的代表性工作任务，汇总典型工作任务，确定一体化课程，编制教学计划表，并对各代表性任务进行分析，从而挑选出适合的学习任务。学习任务的设置既要考虑通用的技能，满足该专业国家职业标准的要求，又要考虑企业的专项技能，以实现与岗位的零距离对接。

2. 分析课程概要

确定了课程列表后，专业教师与企业共同分析每门课程的实施情况。一般来说，通用知识与技能主要由学校的专业教师任教；企业特有的专项技能主要由企业派出专业技术人员作为兼职教师任教。因此，校企合作班的任课师资队伍肯定是校企双方共同组建的。在制订教学计划的同时，需要规划好各门课程的任课教师，为教学实施提供师资保障。

3. 开发课程内容

确定了课程概要以后，专业教师召集企业相应岗位的在职人员，一起对各学习任务进行分析并作出具体的描述，将岗位工作任务的内容、过程、标准及组织形式等转化为课程的学习目标、学习内容、参考性学习任务及其基准学时、教学实施建议和考核评价要求等，进而汇编成课程标准。课程标准是人才培养方案的重要组成部分，是教学实施的基本依据。

(三) 分析实施要求，开展课程教学

1. 确定教学实训场所

确定了课程标准后，专业教师与企业师傅共同分析每门课程的教学资源。通常来说，通用技能的实训，主要在学校内的实训室进行；企业特有的专项技能，一般在企业内的生产车间完成。因此，校企合作班的教学资源必然是校企双方共享的，这是提高教学效率的有效途径。在确定教学计划的同时，不但要确定每门课程的任课教师，还要确定每门课程的教学场所。这是校企合作班人才培养方案的另一个重要组成部分，通常被列入校企合作办学的协议中，以增强对教学资源的保障。

2. 组织课程实施

确定任课教师和教学场所后，开始进入课程组织实施过程。校企合作班的课程教学实施与非试点班的课程教学实施没有本质的区别。他们都是按照现代学徒制原则，以学生为中心，通过自主探究、小组协作、以工作过程为教学的组织流程，从而完成学习任务获得知识、技能和工作素养，并从工作总结与反馈中获得知识的系统提升。具体的教学活动策划一般包括每一教学活动阶段的学习内容、学生学习活动、教师教学活动、学习资源准备、学习时间、学习场地等。

3. 监控与管理实施过程

教学实施过程的监控与管理，试点与非试点最大的不同在于：除了基于校园文化的校纪校规以外，还基于企业的管理规范。因此，校企双制班的管理团队也是校企共同组建的，在校期间以校内的教学管理为主，在企业期间以企业管理为主。双方对学生进行过程考核，且每个学期一起对学生开展职业能力测评，测评结果用于修正今后的教学实施方案。

第二节 加快建构政府的有效介入

一、加强统筹水平，将职业教育纳入经济社会发展整体战略

职业教育是产业结构升级与调整的重要支撑，社会是经济发展方式转型的重要基石，是推进我国由人口大国迈向人力资源强国的推进器。随着教育体制改革的不断深入，职业院校积极转变理念，面向区域经济发展、面向产业需要，积极创新办学理念和办学模式，通过技术服务、人才培养、社会培训、传统文化传承与创新服务于区域经济社会发展，与区域经济发展相生相伴，成为区域经济社会发展的重要依托。《国家职业教育改革实施方案》明确提出，要高度重视和大力发展职业教育，实现我国职业教育现代化。

因此，提升职业教育统筹水平，将职业教育纳入经济社会发展整体规

划成为必然。首先，应将职业教育发展纳入国家产业调整与布局，新兴产业发展规划中，将技能人才发展战略与技术创新战略紧密地结合起来，以技能人才支撑产业升级。其次，应在各地政府统筹的职业教育管理体制基础上，将职业教育纳入区域规划，鼓励地方以产业园区、职业园区为依托，构建区域技术技能复合平台，促进技术创新与技能人才培养的对接，以高技能人才助力企业技术创新与升级，以职业教育支撑区域经济发展。最后，加强制度设计，明确企业进行职业培训，参与职业教育，履行劳动力再生产的社会责任，将企业培训纳入企业发展战略。

二、加强顶层设计，构建行业企业积极参与机制

从宏观层面的职业教育发展战略、政策制度的制定，到中观层面的行业标准、需求的确定，再到微观的人才培养方案的确定、教材的开发、质量的监控与监督，都有行业企业的代表，建立现代学徒制是将行业企业需求融入职业教育人才培养、提高职业教育质量的重要环节。

为了提升行业企业参与力度，我国积极构建了职业教育联席会制度、行业教学指导委员会、专业建设委员会、职教集团等不同层次、不同形式的行业企业参与职业教育的组织机构。但由于缺乏统筹规划，各机构之间缺乏整体的设计与联系，加上行业组织自身能力不足，导致行业企业的作用并没有得到有效的发展。

因此，应积极拓宽行业企业参与职业教育的渠道，以职教集团为框架，以专业指导委员会、职业教育协作联盟等组织为抓手，不断丰富行业企业参与职业教育的方式，不断增强行业企业在职业教育中的话语权，以行业标准引领职业教育发展，提升职业教育服务的能力。通过顶层设计，整合优化现有机制；通过职业教育部门联席会和行业教学指导委员会，发挥行业企业在职业教育战略规划和制度设计、行业人才需求预测、行业人才标准制定中的作用；通过地方的专业建设委员会、协作联盟或理事会等新的组织形成拓宽行业企业参与通道，让行业企业参与学校的专业建设、课程开发、基地建设、师资培训过程；通过职业教育集团化办学，将行业企业引入职业教育，实现教学链和产业链的有效对接，形成立体化的、多

层次的行业企业参与职业教育的机制，让行业企业在影响职业教育满足产业需求的过程中发挥实质性的作用。

三、设立校企合作基金，营造校企合作良性发展局面

高昂的培训成本是制约行业企业参与职业教育的重要原因。为促进现代学徒制畅通、有效地开展，确保职业教育的质量，发达国家政府建立起完善的质量导向拨款机制，其中财政拨款方式是重要的保障措施之一。

面对职业教育的快速发展，建立校企合作基金成为大势所趋。国家相关部门和地方政府可以通过财政投入、社会捐赠、企业培训基金归集等方式多渠道筹集校企合作基金。基金的使用，一方面用于支持职业教育专项项目、支持校企合作日常运转、公共实训平台建设、购买师生企业实习岗位、外聘企业专家等基本费用，重在补贴校企合作各方成本，弥补校企合作经费不足；另一方面主要用于对校企合作中涌现出的企业、个人及典型做法进行奖励，旨在通过树先进、立典型，提升企业参与职业教育的社会责任意识，推动职业教育校企合作社会环境的形成与发展。

四、完善评价机制，提高校企合作质量

对职业教育质量实施评价评估，也是政府规范、调控和保障职业教育教学质量的一项基本职责，对校企合作质量形成完善的评价机制，严格的质量控制是其职业教育富有持久生命力和广泛影响力的根本保障。

近年来，我国教育体制改革不断深化，学校、社会之间关系逐步理顺，但政府管理教育还存在越位、缺位、错位的现象，学校自主发展、自我约束机制尚不健全，社会参与教育治理和评价还不充分。为进一步提高政府效能、激发学校办学活力、调动各方面发展教育事业的积极性，必须深入推进管办评分离，厘清学校、社会之间的权责关系，构建三者之间良性互动机制，促进政府职能转变。因此，借鉴国外先进经验，结合我国职业教育发展趋势，积极厘清学校和社会组织的构建，积极构建适合我国职业教育质量的内外部评价机制显得十分重要，其中政府在职业教育质量评价体系的构建和运行中扮演着重要的角色。

第三节　校企合作长效运行创新的基本路径

一、校企合作主体责任明确与重构

过去一直认为政府是职业教育校企合作中的唯一主导者，但发达国家的成功经验证明，企业在校企合作中的主导地位也是不容忽视的。根据当前世界职业教育发展趋势，提出我国职业教育校企合作的主体责任重构方案——构建两极主导下的三维互动角色体系。

该体系由政府、行业企业和学校三大主体构成，政府和行业企业承担主导角色，学校是执行主体。对我国职业教育校企合作起第一主导作用的是政府，行业企业是第二主导者，两极缺一不可。

(一) 行业、企业责任重构

"指导"或"参与"这样的角色描述容易使企业陷入被动的境地，缺乏校企合作的主动权，丧失参与的积极性。社会需要怎样的毕业生，企业更有发言权。因此，企业在校企合作中承担的角色定位应是"主导"，主要体现在校企合作项目开发与制定、提供培训场地、投入资源、寻找合作学校、合作质量监控等方面。

1. 企业应当成为校企合作项目的发起方

校企合作的最终目的是要培养适销对路的人才，因此，校企合作项目完全应该由企业来发起并牵头，需承担包括制定合作项目的细节，培养标准、课程设置等人才培养方案内容的制定，邀请资质良好的学校参与等义务。

2. 企业需要充当利他的"慈父"

"经济人"这个基本假设前提说明了企业经营的出发点必然是利己的，但只是一味地想着自己的发展，忽略其他主体的利益，校企合作根本无法促成，甚至会导致中途夭折。因此，企业必须学着当一位利他的"慈父"，担任校企合作的主要投资者。职业教育是一门公益事业，只有具备奉献精神的企业才能与学校构成长久的合作关系，包括资金、设备、知识、技术、师资、场地等各方面的投入。正如经济学家贝尔克提出的"坏小孩定理"一样，利他可能会让企业在这个残酷的竞争世界里生存，还可能获得更好的发展。

（二）学校责任重构

1. 学校应积极转变办学理念，全力支持和配合校企合作办学

开展校企合作的根本目的就是要实现职业教育发展，校企合作的直接受益者应是职业教育本身，而职业教育的产品——毕业生最终还需要企业来消化吸收。因此，职业教育必须站在企业用人的角度去思考问题，如教学模式、人才培养与管理等。此外，职业院校还需用包容和体谅的态度去接纳企业提出的各项要求，努力寻求合作双方的"帕累托最优"组合。

2. 学校是校企合作办学的主要阵地，是监管校企合作教学质量的权威方

学校是有计划、有组织地进行系统教育的组织机构，对教育施行的方式、教学管理和教学质量监管有绝对的话语权。因此，学校在开展校企合作过程中，应从专业的角度，以教育心理学等教育理论为原则和基础，指导校企合作课程开发和课程体系建设，根据行业企业要求编制人才培养方案，利用科学的管理方法保证教学计划顺利实施。

二、创新校企合作模式

我国职业教育发展过程中已逐渐形成多种校企合作模式，校企合作模式是否科学有效，决定了校企合作项目成功与否，影响职业院校人才培养质量高低和企业经营发展的可持续能力、生命力。因此，创新校企合作模式，定然不能单纯地模仿和照搬，也不是在原有模式基础上的小改小变，必须从根本上去大变。

（一）改革创新办学体制

体制一般难以改变，"难"主要体现在以下三个方面：一是改变行政决定难度大。"行政化"是一个习惯的问题，行政权力往往还代表真切的利益和话语权。二是"沉没成本"太高。先前的模式运行必须投入人力物

力，一旦变革原有模式，此前的巨大投入会顷刻化为乌有。三是存在变革风险。经济学中风险和收益成正比，一般积极性进取偏向于高风险是为了获得更高的利润，而稳健型的投资者则着重于安全性的考虑。传统思维就是求稳、求安全，因此变革推进难度大。

体制上的问题必须从体制上解决，要从根本上改变办学体制，可从多个方面着手。

1. 贯彻落实"去行政化"

高职教育"去行政化"的精髓是要规范行政权力，督促权力恪尽职责、恪守边界，要求行政管理者要从提高人才培养质量、服务地方经济、提升办学实力等根本问题出发来思考问题，只有突破现有体制限制，大胆尝试多种创新的办学体制和模式，才能从根本上改变校企合作模式，形成创新的校企合作机制。

2. 建立风险共担机制

校企合作不是企业或学校单方面的事，而是需共同完成的事业，因此，校企合作的各方都应该依法承担由于办学体制变革而存在的风险。

3. 彻底转变观念，实现从"管理"到"服务"的蜕变

新公共服务理论认为，公共管理者的重要作用并不体现在对社会的控制或驾驭，而是要帮助公民表达和实现他们的共同利益。因此，高职教育有义务配合和帮助企业培养优秀的技能人才，提升企业效益，通过牵线搭桥帮助学生了解企业发展，提升技能，实现自我价值。

(二) 建立真正的共同治理模式

校企合作是企业与学校双向选择的结果，由于各方立场存在差异，利益点也不尽相同，全局观难免会受到限制，因此，校企合作必须依托政、校、行、企多方联动的"共同治理"模式，方能有效推动校企合作的全面发展。共同治理以利益相关者理论为基础，是一种不同于单边治理的模式，通过合理平衡各利益相关者间的利益，以实现利益相关者利益最大化为共同目标，并以此来安排利益相关者在治理中的权利。此外，还要合理分配责任，责任共担，责与权相匹配。共同治理各主体应是合伙人的关系，应具有相应的民事权利能力和行为能力。

（三）完善创新合作管理模式

我们要对现代学徒制试点单位展开调研，总结经验，及时发现问题和不足以完善创新合作模式。调研发现，当前合作主要以中浅层次合作为主，合作深度不够，学校在合作中仍发挥着主导作用，合作持续度不高，尚未达到满意效果。

当前，我国职业教育大部分的校企合作模式可称为"偶发性的单点少次合作模式"，即校企合作的促成往往是偶然性的，合作之初并没有周详科学的合作计划。另外，合作双方达成的合作内容有时只有一项，如企业单纯地接收实习生，满足短期劳动力紧缺的需要，而且合作次数只有一到两次，或因各种原因合作时有时无，合作关系不持久。

"计划性的全面持续合作模式"是根据现代学徒制的要求，全面提升校企合作的深度、持续度和有效度，寻找快速有效的校企合作创新路径，为职业教育校企合作长效机制的建立扫清障碍。实现计划性的全面持续合作模式需从三方面着手：制订合作计划、挖掘合作项目、合作关系管理。

1. 校企合作开展应计划先行

计划是对校企双方总体合作思路的高度概括，是合作双方合作目标具体化的文书，是提高双方合作执行力的有效保障。合作计划是合作双方在充分沟通的基础上制订出来的，具有创新性，合作效果就会大大提高。制订合作计划是为了提高合作效率，通过计划的前瞻性、指导性、科学性、可操作性，实现更好的合作效果，校企合作不能只是为了合作而单纯地合作，而是要通过创新合作模式，达到合作多方的共赢，实现企业、学校、学生、学生家庭乃至整个社会的共同利益。需要注意的是，合作计划并不等同于校企合作协议，但可以作为校企合作协议中的重要内容，一旦上升到法律层面，合作关系必然会更加牢固，执行力会大大提高。

2. 量体裁衣，充分挖掘创新型合作项目

在调研中发现，我国职业教育校企合作的广度指标是让人满意的，职业院校从专业建设、课程建设、师资建设、校内实训室建设、校外实习基地建设、顶岗实习及指导、能力评价、研究开发等方面与企业开展了校企

合作。但绝大部分的校企合作只是"人有我有",这是低级阶段的合作。真正的校企合作内容应该是具有创新性的,即"人有我可以有,人无但适合我的就一定要有",只有满足校企合作双方实际需要的合作项目,才能更深入地合作,更持久地合作,更高效地合作,最终实现校企合作双方的效益最大化。

3. 开展合作关系管理,持续保持"鲜度"

合作关系管理是一种建立在校企双方合作共赢基础上的新的合作管理模式。合作双方需要利用相应的信息技术协调企业与学校间在合作沟通、过程管理和效果反馈上的交互,从而提升校企合作的管理方式,向校企双方提供创新式的个性化沟通交互和反馈的过程。其最终目标是保持校企双方沟通渠道的畅通,保持合作方的合作热情,持续保持合作方深度合作、持续合作的意愿。

合作关系管理平台可以由政府或者行业协会牵头建设,如建设校企合作服务网、微信公众号等,有合作意向的主体可以通过授权进入系统后台发布最新的企业和学校动态,寻找合适的合作伙伴;对已建立校企合作关系的双方可以通过专设的通道,实现项目沟通与管理。政府或行业可以作为第三方对各主体进行合作引导,对已有合作项目进行审批、监督、考核。当然,合作关系管理平台也可以由校企合作双方自行搭建,如开发内部的信息管理系统,实现信息交互的及时性,合作步伐一致性,协助校企合作双方从磨合期快速进入稳定期,并使校企双方保持最佳的合作状态。

目前,职业教育已上升到国家战略,现代学徒制试点工作正如火如荼地开展。我们必须充分认识到探索建立现代学徒制的重要意义,加快推进制度建设,从而进一步提高职业教育的高质量发展。改变当前格局,变是势在必行的,要从根本上做大的改变,路径必须先变。但是,改革必须慎重,不仅要考虑变革后的直接效果,还要研究改革产生的长远影响,路径目标如有偏差,就必须尽快采取措施加以纠正。因此,路径变量的选择和效度是需要验证的,后续的研究可以对路径变量模型进行设计,利用真实案例进行分析与检验,制订更具体和科学的路径设计方案。

第四节　校企合作长效运行发展的政策建议

一、校企合作政策建议

我国现有的职业教育校企合作政策，虽然在过去数年里有效推动了我国职业教育校企合作制度化建设，但随着现实状况的改变，逐渐显得不合时宜了。因此，根据前述的分析以及对现代学徒制试点单位经验的总结，笔者建议从以下几个方面出发，推进职业教育校企合作政策的完善。

（一）投资建立相对稳定的企业实习基地

根据职业教育规模和实习教学的要求，从现有接收学生实习的企业中，在总结前三批现代学徒制试点基础上，继续挑选一批条件较好的，作为现代学徒制试点单位。制定实习企业建设标准，实行准入、实习质量监督、成本补偿、年检、奖励和问责，从而保障职业院校每一个在校生都能够到企（事）业单位专业对口的岗位进行实习。

（二）建立学生实习成本分担与补偿机制

企业为学生实习所提供的教育及其产生的成本，应该有公共服务的提供者——政府或行业支持。因此，应该通过购买服务的形式，建立实习生成本分担与补偿机制，补偿企业为学生实习所支付的成本。

（三）鼓励企业举办或参与举办职业院校

政府出台措施鼓励企业可以通过现代学徒制的形式，建立微观层面的校企合作长效运行机制。

（四）将合作育人纳入企业社会责任评估

对实习企业进行实习教学督导评价与问责，提高优秀实习企业在全社会的美誉度，对实习质量得不到保障的企业进行问责。

（五）保障校企合作中学生的权益

通过制度规定企事业单位不得向实习生收取实习费；不得安排实习生

从事与所学专业无关的实习岗位；学生顶岗实习给企业带来效益的，企业应该给学生发放适当实习津贴；将实习生纳入"类工伤保险"。

（六）职业学校应修炼内功，提升自身吸引力

职业学校要不断提升教师的创新创业能力、提高办学质量，主动为企业进行全方位的服务，保持校企合作的可持续性发展。要摆正位置，主动深入企业，了解企业对人才和技术的最新需求，找准办学方向，主动邀请企业参与人才培养的各个环节；主动为企业开发新产品、应用新技术和新工艺提供支持与服务；主动开设各类讲座，为企业员工培训提供服务；主动为合作企业开展义务宣传活动。

二、校企合作政策措施

（一）建立统一的国家资格框架制度

建立统一的国家资格框架是西方职业教育发达国家的通行做法。通过统一的框架，可以将职业教育多方主体有效统合，促进校、企、政高效协同合作。

1. 实行学分转换与互认制度，联通不同层次的职业教育，将职业资格证书制度和学历文凭证书制度纳入国家资格框架制度。

2. 制定国家资格框架内不同层级的资格标准，规定不同级别、不同类型资格的职业能力和学习能力要求。

3. 根据国家资格框架制定行业的职业资格标准，并与职业岗位相连；根据职业资格标准，制定职业教育专业标准。

（二）修改和完善校企合作配套法规制度

法律制度的健全不应该单指部门法的健全。校企多方主体的权、责可能还会涉及更多法规，这就意味着配套法规需修订完善。

制定行业组织的法律规范，加强企业行业协会建设。此项工作要分三步走：一是在政府层面建立行业主导地位的组织机构，并在国家和地区层面上建立行业职业教育委员会；二是制定有关行业组织的规章制度，对行业协会开展合作教育进行框架性规定，并特别指出地方行业协会可以根据框架性规定，在各省市的行业协会条例（办法）中做出具体的规定，在制

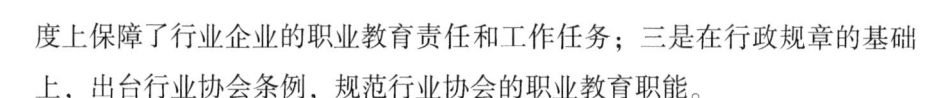

度上保障了行业企业的职业教育责任和工作任务；三是在行政规章的基础上，出台行业协会条例，规范行业协会的职业教育职能。

（三）加大地方政府对职业教育校企合作的统筹与规范

1. 加强统筹水平

加强统筹水平，将职业教育纳入地方经济社会发展整体战略。一是将职业教育发展纳入地方经济社会发展整体战略规划，支撑地方产业调整与布局，新兴产业发展，将技能人才发展战略与技术创新战略紧密地结合起来，以技能人才支撑产业升级。二是应在进一步明确地市统筹职业教育管理体制的基础上，将职业教育纳入区域规划，鼓励地方以产业园区、职业园区为依托，构建区域技术技能复合平台，促进技术创新与技能人才培养的对接，以高技能人才助力企业技术创新与升级，以职业教育支撑区域经济发展。三是加强制度设计，明确企业进行职业培训、参与职业教育、履行劳动力再生产的社会责任，将企业培训纳入企业发展战略。

2. 加强地方性校企合作法规的建设

地方性校企合作法规应主要明确本地域范围内职业教育校企合作的责任、任务，制定落实国家校企合作法律、条例的具体措施、实施细则，明确各项保障措施。具体内容如下：一是明确本地职业教育校企合作管理机构及职责，各参与主体的责任与任务。二是明确行业企业参与职业教育校企合作的具体要求及任务。三是地方政府购买行业组织、企业和事业组织的服务实施细则，如购买合同、服务项目的审核与验收、购买方式、购买标准、交易流程、资金来源等。四是明确实习企业、企业指导师傅的准入认证、年检、问责及奖励制度的实施细则，如实习企业和企业指导师傅的准入标准、认证方式、年检的条件及流程、不合格的问责方式、对优秀实习企业和指导师傅的奖励措施等。五是明确校企合作优先制度的实施细则，如本地优秀的合作企业以及优秀的实习指导师傅的评选办法、能享受的优惠政策和优先条件、操作流程等。六是明确学生实习补贴、实习岗位补贴、实习基地（实习企业）建设经费补偿、现代学徒制岗位补贴等的补贴对象、补贴标准、补贴方式、补贴程序、经费来源等。各地可以参考个别地方已经实施的补贴标准，再考虑本地实际发放。七是明确行业企业独立办学或合作办学，能享受到的土地、经费、教师待遇、企业收益等的实施细则。八是明确接纳学生实习的企业或生产性实习基地所享受的优惠政策的实施细则，如享受税收优惠、土地使用优惠等政策的条件、优惠标准、实施规则与流程等。九是明确地方校企合作专项资金的筹措来源、使用范围、主管单位、审批流程与权限等。十是规范实习合同、政府购买合同、合作办学合同的内容及法律效力。十一是明确企业社会责任报告制度的实施细则。

（四）加大投入，设立校企合作基金

国家相关部门和地方政府可以通过财政投入、社会捐赠、企业培训基金归集等方式多渠道筹集校企合作基金。政府应建立起完善的"质量导向"拨付机制或奖补机制，购买行业企业提供的职业教育服务，补偿合格实习企业的建设经费，向积极参与校企合作的老师发放补贴（津贴）；同时，奖励或补贴优秀的实习企业、优秀的企业实习指导师傅、优秀实习生、优秀指导老师等，旨在通过树先进、立典型，提升企业参与职业教育的社会责任意识，推动职业教育校企合作社会环境的形成与发展。

（五）完善职业资格制度和学生评价机制

国家相应部门组织行业职业教育委员会，根据目前各职业（工种）的实际需要和发展趋势，梳理国家职业（工种）目录，更新本行业需要持证上岗的职业（工种）和职业资格证书的要求，建立职业资格证书考试及培训制度；在行业协会的指导下，由行业、学院、企业三方合作，结合专业教学标准建立合适的评价体系，并实行行业协会监管、考核分离、过程监督、标准监控，多方评价学生的培养质量，从制度上规范保证校企合作健康发展。

综上所述，职业教育校企合作长效机制的建立是需要从国家层面开始的，除了对职业教育理念、现代学徒制等进行指导以外，更多的应该着力进行法规建设，通过法规制度明确各方的权利与责任，并对合作资源进行有效配置，以平衡各主体的利益关系，特别是调动行业企业对职业教育的责任感、使命感和积极性。

参考文献

[1] 王琦,陈正江. 高职教育教学文化研究 [M]. 杭州:浙江工商大学出版社,2017.

[2] 胡佳. 高职教育教学督导制度研究与实践 [M]. 北京:北京理工大学出版社,2017.

[3] 鲍玮. 高职教育实践教学体系的建设探索 [M]. 天津:天津科学技术出版社,2017.

[4] 崔岩. 陕西高职教育创新创业案例汇编 [M]. 北京:北京理工大学出版社,2017.

[5] 周建松. 现代职业教育体系建设与高职教育创新发展 [M]. 杭州:浙江工商大学出版社,2017.

[6] 余建军. 基于CDIO工程教育模式的高职教育教学改革研究 [M]. 杭州:浙江工商大学出版社,2017.

[7] 侯长林,罗静,李博等. 少数民族地区高职教育与区域经济发展研究 [M]. 湘潭:湘潭大学出版社,2017.

[8] 吴一鸣. 区域创新视角下高职教育集约化发展研究 [M]. 合肥:中国科学技术大学出版社,2017.

[9] 田贞训. 高职教育成本分担机制与预算拨款制度改革研究 [M]. 武汉:武汉大学出版社,2017.

[10] 李成明. 我国铁路高职教育可持续与创新发展研究 [M]. 北京:

中国铁道出版社，2017.

[11] 王升．高职教育的创新发展探索［M］．石家庄：河北人民出版社，2018.

[12] 丁文利．高职教育专业动态调整机制构建［M］．北京：中国纺织出版社，2018.

[13] 葛科奇．高职教育导师制实践与创新［M］．天津：天津科学技术出版社，2018.

[14] 骆少明，江洧．新时代广东高职教育发展研究［M］．长春：北方妇女儿童出版社，2018.

[15] 富宏．高职音乐教育探索［M］．北京：北京理工大学出版社，2018.

[16] 陈民．高职特色的创业教育和创业文化研究［M］．杭州：浙江工商大学出版社，2018.

[17] 刘静佳，郭定祥．高职院校教育教学研究2018［M］．昆明：云南大学出版社，2018.

[18] 郭明俊．高职院校语文课程教育研究［M］．天津：天津科学技术出版社，2018.

[19] 徐友辉，何雪梅，罗惠文．高职院校学生教育管理创新研究［M］．成都：西南交通大学出版社，2018.

[20] 吕浔倩．信息化高职教育教学管理研究［M］．西安：西北工业大学出版社，2019.

[21] 刘建林，崔岩．陕西省2018年度高职教育国家级教学成果奖汇编［M］．西安：西北大学出版社，2019.

[22] 蒋桂黎．高职生心理健康教育［M］．西安：西北大学出版社，2019.

[23] 李凯．高职通识教育英语阅读教程［M］．西安：西北大学出版社，2019.

[24] 陈敏．中高职贯通教育人才培养模式实践探索［M］．上海：立信会计出版社，2019.

[25] 李时菊，袁忠．创新与创业教育［M］．北京：中国医药科技出版社，2019.

［26］ 王少浪，蒋丽华，刘克琦．大学生生涯发展与职业准备规划［M］．上海：同济大学出版社，2019．

［27］ 叶勇，康亮．新时代高职院校工科专业课程思政教育探索［M］．成都：西南交通大学出版社，2019．

［28］ 杨建国，尹成鑫，杨湘伶．高职院校大学生思想分类引导与文化素质教育创新实践——以成都航空职业技术学院为例［M］．成都：西南交通大学出版社，2019．

［29］ 姜丹宁，姜威，李佳．高职体育与健康教程［M］．沈阳：辽宁人民出版社，2019．